韓国ふしぎ旅

韓国人の雄弁力…絶品キムチを探せ!…
韓国美人はどこに行った?…美人整形大国・韓国!…
韓国人学生は「SKY」をめざす…
「身体距離」はなぜ近い?…韓国人の〝無愛想〟と「情」の深さ…
両班の村でバスを待つ…韓国鉄道のおおらかさ…

小竹裕一

半月夜のパンソリを堪能する…
牛が鳴く「全琫準先生古宅」…全州の人々の親切に泣く…
韓国人の「反日」はほんとうなのか?…
ビートル号で玄界灘を押し渡る!…
合格祈願のアジュンマ(おばさん)軍団…神々の島・済州島

法藏館

참이슬
fresh

プロローグ

子どものころ、わたしは東京の大森というところに住んでいた。

国道沿いの商家。何軒か先に、広い敷地をつかってクズ鉄業を営む韓国人の一家があった。その家族には背の高い長男がおり、当時高校生だった。彼は毎朝、毎夕、通学の行きと帰りに、うちの店の前で学帽をとり、店主であるわが父に最敬礼をした。

保守的な自営業者だった父は、この韓国人の青年を激賞し、わたしに「あの兄《あん》ちゃんの爪のアカでも煎じて飲め」とよくいったものだった。

子どものわたしにとって文字通り〝近所迷惑〟であったこの〝接触〟が、韓国人とのはじめての出会いだったといえる。

そして、長いブランクの期間をおいて、今世紀に入ってから次の出会いが突然訪れた。それは、二〇〇〇年四月に大分県の別府で開学した立命館アジア太平洋大学（ＡＰＵ）で、わたしが日本語教師として教えはじめたことによる。

「日本で初めての本格的な国際大学」ＡＰＵは学生のほぼ半分が外国人であり、開学当初は留学生の中で韓国人がいちばん多かった。当然のことながら、日本語のクラスにはかならず韓国人がおり、上級を担当したわたしは毎日のように韓国人の学生たちと日本語でいろいろな話をすることとなった。

大学で彼らと二年、三年つき合っていくなかで、ひとつおかしなことに気がついた。それは、韓国人の男子学生が在学中に突然キャンパスから姿を消してしまうことだ。つい数ヵ月前まで教室で毎日会っていた学生が、サッといなくなってしまうのだ。

女子の韓国人学生にきいてみると、韓国の徴兵制度のためだという。朝鮮半島は、朝鮮民主主義人民共和国（北朝鮮）と南の大韓民国（韓国）に分断されていて、かつて一九五〇年には北朝鮮軍が三八度線をこえて侵攻し、朝鮮戦争が勃発した。この戦争は一応終結したものの、いまも「休戦」状態のままであり、北朝鮮の再侵攻に備えるために徴兵制が必要、とのことだ。

よろしい、ここまではわたしにも理解できる。しかし、韓国人の男子学生はなぜよりにもよって大学の在学中に軍隊へ行くのか――ここがどうにもわからない。いろいろきいてみると、どうやら各学生の都合や判断によって、軍隊へ行く時期を決めることができるらしい。

わたしが長く住んだことがあるシンガポールにも強制的な「ナショナル・サービス（兵役）」があり、青年男子は二年ほど軍事訓練を受けなければならないが、誰しも高校が終わった時点で徴兵される。個人が軍隊へ行く時期を決めることなど、とうてい考えられない。

韓国といえば、「きびしい国」というイメージをもっていたわたしにとって、男子学生の突然の雲隠れはまったく理解に苦しむものだった。

＊　＊

さて、韓国はここ一年ほど、文字通り「激動」の様相を呈している。あれは確か一昨年（二〇一六年）の一〇月ごろのことだったと思うが、それまで反対勢力が手も足も出なかった朴槿恵《パククネ》大統領に思わぬほころびが出た。

一九七〇年代に母と父が相次いで殺害された頃から、「困難なときに助けてくれた」友人、崔《チェ》順実《スンシル》氏（女性）のパソコンのなかに、大統領府の文書が保存されていたのが発覚したのだ。これについて、朴氏は政府文書を提供したうえで、崔氏の助言を受けていたことを認めた。それが発端だった。

ふたりの不明朗な関係（国政介入疑惑）が問題となり、また崔氏の娘が名門大学に不正入学していたことも一般国民の怒りをかった。ソウルの中心部で朴大統領の辞任を求める大規模集会が毎週土曜にひらかれるようになり、うねるような大衆運動のなかで崔氏が逮捕された。

一一月にはいって、朴氏は二度、三度と国民に謝罪の声明をしたが、一二月にはついに国会で朴氏への弾劾訴追案が可決された。これによって彼女の大統領権限行使が停止され、彼女は憲法裁判所の決定を待つ身となる。

年が明けて、昨年二月には特別検察官がサムソン電子副会長の李在鎔《イジョヨン》氏を贈賄容疑で逮捕し、この件で収賄側の崔氏と朴大統領が共謀したことを認定した。朴政権と財閥との癒着も、国民の怒りに油をそそいだわけである。

そして、三月一〇日に憲法裁判所が朴大統領の罷免をいい渡し、彼女はついに大統領の職を追われた。憲法裁判所の朴氏罷免の理由は、「国民の信任を裏切り、憲法を守る観点から容認できない重大な違法行為をした」というものだった。

大統領を失職した朴氏への批判、追及はさらにつづき、韓国の検察は彼女を収賄や職権乱用などの疑いで逮捕した。五月末に崔氏と共に法廷に現れた朴氏（六五歳）は、拘置所生活でやつれた顔となり、もはや昔日の大統領としての面影はなくなっていた。

この間《かん》、新しい大統領を選出する選挙が五月九日に行なわれ、二〇一二年一二月の前回大統領選挙で朴氏に惜敗した革新系の文在寅《ムンジェイン》氏が圧勝した。

文新大統領は、李明博《イミョンバク》政権、朴槿恵政権と九年にわたって続いた保守政権のもとで積み重なった弊害（積弊）を清算することを、新政権の最重要課題としている。

＊　＊

わたしは以上のような韓国社会の激動を、テレビや新聞といったメディアを通して眺めてきたわけだが、一歩引いた冷静な視点で考えたとき、疑問点やよく理解できないことがいくつもあった。

早い話が、いまや「悪人」の権化《ごんげ》のようになってしまった感のある朴前大統領であるけれど、つい四年前に大統領の職についたときは、「韓国史上初の女性大統領」としてもてはやされ、韓国改革の〝希望の星〟とみなされていたのではなかったか。手のひらを返したような、韓国人の態度の〝激変〟は、一体どこから出てきているのだろうか。

また、朴氏の親しい友人崔順実氏による「国政介入」があったというが、それが現職大統領の「弾劾」に値するほどのことなのか。そして、その崔氏の娘が名門大学に不正入学したことが、なぜ韓国の人びとをあれほどいきり立たせるのか。

さらに、日ごろ大学のキャンパスでいつも接している韓国人学生について、彼ら彼女らのかなりの部分がキリスト教徒で、別府や大分の教会に足繁く通っていることなども、〈どうしてだろう?〉という疑問を抑えることができない。

韓国人男子学生のキャンパスからの〝雲隠れ〟の問題もそうだが、やはりこうした素朴で基本的な疑問は、実際に自分で韓国に行き、自分の足で歩き回って、いろいろ考えるなかでしか、納得のいく答えを得ることはできないのではないか。

こうした想いから、わたしの「コリア探検の旅」がはじまったのである。

小竹裕一

二〇一八年三月

第1章

「魅惑の都」ソウルへの旅

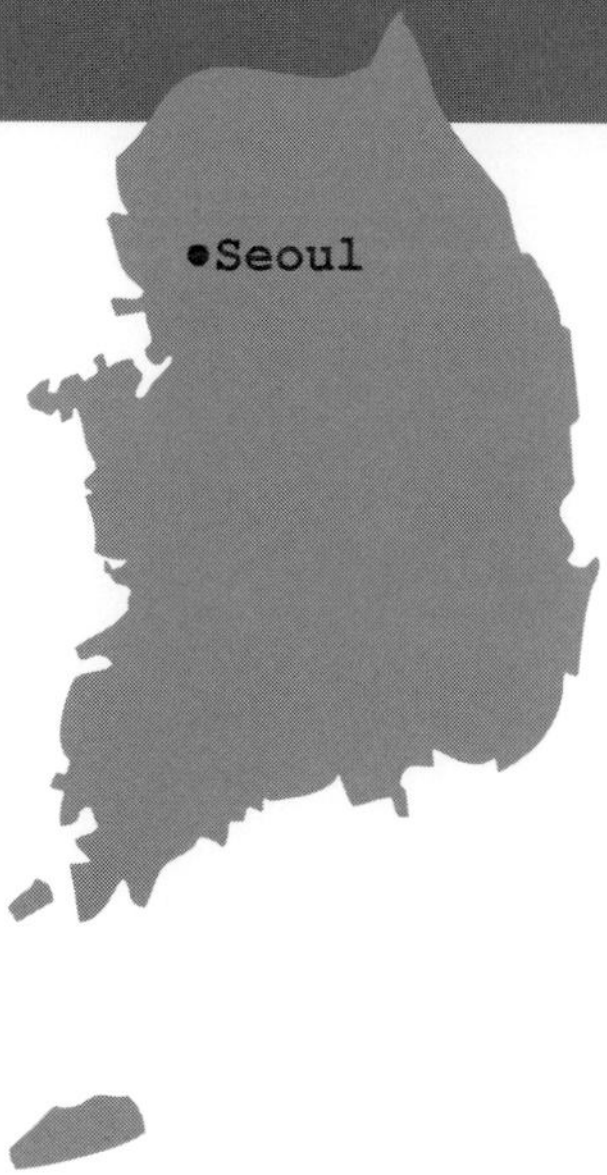

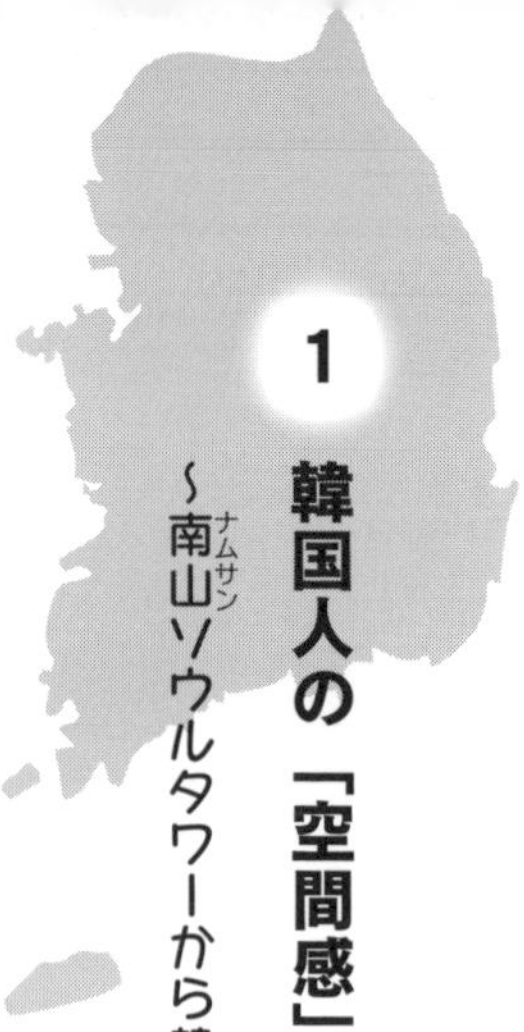

1 韓国人の「空間感」と雄弁力

〜南山《ナムサン》ソウルタワーから韓国民俗村へ〜

ボーイングの旅客機は「アジア随一のハブ空港」ともいわれる仁川《インチョン》国際空港に無事着陸した。この巨大な飛行場には、四〇〇〇メートル級の滑走路が三本もあるという。税関をパスし、空港ビルの外へ出ると、冷涼でさわやかな秋風がピューと吹いた。「風立ちぬ、いざ生きめやも」の心意気で、ソウル市内へのリムジンバスを待つ。

ソウルへ一時間ほどのドライブ。ゆったりした座席をもつ窓からぼーっと外の景色を眺めていたが、松の木がことのほか多いことに気がついた。日本でも「松竹梅」といって、松はめでたいシンボルの筆頭にあげられている。松の木繁るソウルは、やはり昔から風水、土地柄がよいのであろう。

ソウルの宿は、明洞《ミョンドン》にあるホテルにした。明洞はソウル有数の繁華街といわれており、いわば〝ソウルのヘソ〟といってよい。交通の便もよく、大衆的な食堂もけっこうあるので、ソウル探検の根拠地として申し分ない。

ソウルで宿を得た明洞商店街。看板とモノと人がひしめきあう（写真提供／韓国観光公社）

さて、着いてまず手はじめに、自分が寝起きする宿の周辺を二、三日ブラブラ歩き回ってみた。これは、わたしが旅行をするたびにいつもやる〝行事〟で、足の向くまま気の向くまま、あちこちブラつくなかで、その土地の全体的な感じが少しずつわかってくる。そう、わたしは旅に出ると、まず〝虫〟になるのである。

今回、そのいわば〝旅のウォーミング・アップ〟のなかで、いくつか「ほーっ」と思わず足を止め、いろいろと思念《おもい》をこらしたことがあった。

まずひとつは、明洞商店街の道の頭上に、「明洞へようこそ！」という日本語の大きな横断幕がかかっていたことだ。〈「反日」であるはずの韓国のど真ん中に、こんなに目立つ横断幕をかけてもいいのかナ……〉といぶかしく思いながらさらに進むと、今度は「歓迎来到明洞！」と中国語で大書された横断幕が現れた。

週末とあって、自由に歩けないほどのたいへんな人混み。その路上で化粧品のキャンペーンをしている若い韓国人女性をつかまえて話をきいたら、「近年すごく中国人の旅行客が増えています。でも、ここ明洞には日本人のお客さんが多くて、中国人は東大門市場の方を好むようです」と流暢な日本語で答えてくれた。

〈そうか、明洞商店街の人たちは、政治向きの話はぬきで、日本人と中国人の旅行者がたくさん来ることを望んで

ソウルの住宅街の風景

いるわけだナ〉と納得したしだいである。それから、もうひとつ驚いたのはソウルの喫茶店のことだった。ほとんど乗り物にのらずに歩き続けていると、疲れてひと息いれたくなる。ありがたいことに、二一世紀のソウルにはどの地区にも「スターバックス」とか「コーヒービーン」とかいったアメリカ系のしゃれた喫茶店がある。値段がけっこう高いのが玉にきずだが、ゆっくりうまいコーヒーを楽しめる。

さて、こうしたコーヒー・ショップに何度か足を踏み入れるなかで、わたしはある違和感をもったのだった。

それは他でもない、入り口から店内に入った瞬間の感じが、日本やシンガポールでのものと明らかにちがうことである。言葉で表現するのはなかなかむずかしいのだが、なんというか自分の身体《からだ》のまわりに広がる空間が、ソウルではひと回りもふた回りも大きい感じなのだ。

ソウルのコーヒー店の入口で、その違和感の正体を考えているうちに、シンガポールで乗ったヒュンダイのタクシーのことを思い出した。そう、あの韓国製の車は日本のトヨタやニッサンのものと比べて、車内がへんに広々としていて、なんとなく落ち着かなかったものだ。

また、ソウルの地下鉄で座席にすわったとき、車両の幅が広くて向かいの座席に座っている人たちが日本よりもずっと遠くにいる感じがしたのも、忘れることができない。

ふだん友達と話したり、仕事でビジネスの交渉をしたりするときの相手との距離、つまり「身体距離」がそれぞれの民族、文化によってちがっていることは、文化人類学者の研究によってすでに明らかにされている。

アメリカの著名な文化人類学者エドワード・ホールによれば、この身体距離は相手やその時の状況によって、「密接距離」、「固体距離」、「社会距離」、「公衆距離」の四つに分けられ、それぞれが各文化で固有のものだという。

同じように、ヒトの身体《からだ》のまわりにどれだけ空間が広がっていれば、心が不安なく落ち着いて、気分がいいのかも、それぞれの文化によってかなりの相違があるのではなかろうか。

いわば「空間感」といったものが各民族によって異なり、それに基づいて車やバスや電車の大きさがデザインされ、また喫茶店など室内設計も変わってくる。

そういえば、かつて韓国人の学者李御寧《イーオリョン》氏が『「縮み」志向の日本人』という本を書いたが、これも日本を訪れた韓国人がちょうどわたしと逆の違和感をもったことから生まれた立論なのであろう。


明洞のホテルのフロント嬢は、かなりのレベルの日本語を話した。ソウルの町には、日本語が学べる「語学院《オハックウォン》」が少なくないという。色白で顔立ちのいい彼女によれば、「ソウル」という言葉は漢語ではない固有の韓国語で、「みやこ」を意味し、したがって「ソウル」に対応する漢字はないそうだ。

わたしは、その「みやこ」たるソウルの全貌を見たいと思った。旅のベテランとして、自分が歩き回る都市を上から鳥瞰して、全体的な見取り図を頭に入れておくことが、いろいろな点でプラスになることを、知っている。そう、わたしは旅に出ると、〝鳥〟にもなるのだ。

「金《キム》」というネームプレートをつけた彼女にきくと、「それなら、ソウルタワーがいいでしょう。明洞駅のすぐうしろにある南山《ナムサン》の上に建っているので、歩いていけますヨ」とのこと。

それで、明洞地下鉄駅の山側の出口から出たら、南山へあがるロープウェイ乗り場へ行く無料マイクロバスが待っていた。今世紀に入って観光業に特段の力を入れている韓国の面目躍如といったところだ。ロープウェイの距離は意外にみじかく、五～六分で山頂に到着した（ちなみに、この「到着」という言葉、韓国語でも「トーチャク」という）。

◆◆◆◆◆◆

ソウルタワーは、白いローソクの上部に三角のキャップがつき、さらにその上方にとがった太い針がのっている、といった形をしている。ソウルっ子はこれを「東洋一たかい！」と自慢する

ライトアップされたNソウルタワー

Nソウルタワーからの眺望。「1000万都市」ソウル市内の全貌がわかる

そうだが、タワー自体は二三六・七メートルしかなく、これに南山の標高二四三メートルをたして、堂々「四八〇メートル」の高さになるしかけだ。

高速エレベーターで最上階の展望台にのぼった。タワーの上からの眺めは、ほんとうにすばらしい。ソウルは三方を七、八百メートル級の山々に囲まれ、その頂はうっすらと雪が積もっている。盆地の平原部を、東から西へ横切っている大河は、有名な漢江《ハンガン》だ。

高いビルが建ち並ぶ市域は、見渡す限り広がり伸びて、この町が巨大都市になっていることは一目瞭然である。

思えば、李氏朝鮮の王朝時代、一九世紀初めのソウルの人口は二〇万人前後であった。それが、一九世紀後半から諸外国に門戸を開放して以来、日本人などの外国人も市内に住むようになった。一九三五年末のソウル人口は約四〇万人（このうち一二万人が日本人）で、戦前のピーク時（一九四二年）には一一一万人まで増えた。

そして、戦後に日本から独立してからは、市域がどんどん大きくなり、とくに一九六〇年代後半からの高度経済成長にともなって人口は爆発的に増加した。いま、ソウルの人口はおよそ

東大門のビル群。すぐ近くには歴史的な東大門があり、新旧が交差する

一〇〇〇万人（二〇一六年五月末の統計で、九九九万五七八四人。韓国行政自治部の発表）といわれる。

展望台に設置された大型望遠鏡を、市域のはずれの方に向けると、山際にそって高層アパート群がびっちり立ち並んでいるのが見える。ものすごいスピードでソウルに集まった人々をとにかく収容するには、高層の団地を大量につくるしか手がなかったのであろう。

そういえば、市中心部から地下鉄で一時間以上かかった郊外の「韓国民俗村」の入り口から、ほんの数百メートルのところに、連番の数字が横っツラについた団地の群れが、ズラーッとどこまでも並んでいた。

夢中になって望遠鏡をのぞいているうちに、わたしは自分が長く住んだ南国の「団地国家」シンガポールを思い出した。国民の八〇％までが高層の公営団地に住み、民間のマンション居住者を含めると、およそ九割が高層の集合住宅に住んでいるのだ。

おそらく、現代ソウルに生きる韓国人の半分以上は、シンガポール人と同様、高層の団地で幼少年時代をすごし、今も団地暮らしをしているのだろう。ソウルっ子の多くが、「団地人間」になっているのである。

四角四面のマッチ箱のような家で育ち、ずっと生活している人間からは、なかなか新しい発想は出てこない。画一的な団地ライフからは、やはり画一的な人間しか生まれてこざるをえないのではなかろうか。

徹底したエリート養成教育をしているシンガポールからも、大学進学率七〇%以上を誇る韓国からも、未だに学問分野のノーベル賞受賞者が一人も出ていないのは、ここら辺にも原因があるように思われる。

ソウルの観光スポット「韓国民俗村」。
なかでも綱渡りショーは一見の価値がある

そうそう、民俗村といえば、ソウル観光のなかでもっともおもしろく、興味深いスポットのひとつだった。たしかに、ここは一見の値打ちがある。

三〇万坪の広大な敷地に、韓国各地から移築された伝統的な古民家がおよそ二六〇棟も立っていて、李氏朝鮮時代の人々の暮らしぶりが想像できる。そのうえ、単なる展示ではなく、当時の民族衣装に身をつつんだ人たちが、鍛冶屋や薬局やアメ作りをやっていて、一〇〇年も二〇〇年もタイムスリップしたような錯覚にとらわれた。

わたしは、わらぶき屋根の農家がたいそう気に入った。中庭に面した縁側にすわって、ニワトリの声をききながら、ぼーっと日なたぼっこをしていたら、なにかなつかしい故郷《ふるさと》にでも帰ったような、じつに豊かな心持ちを味わえた。

園内の中央には公演場があり、そこでは日本で「サムルノリ」として知られる農楽《のうがく》ノリ（鉦《かね》や太鼓やラッパなどで、行進しながら演奏する）、女の子二人がシーソーの板をつかって高く跳ぶ「ノルティギ」、そして白い大きな扇を手にバランスをとりながらロープ上を歩く綱渡り芸などが楽しめる。

これらのパフォーマンスのなかで、わたしには綱渡りがだんぜんおもしろかった。これは、ただ単に張られたロープの端から端まで歩くだけではなくて、綱の上でいろいろな技《わざ》や芸がくり広げられるのだ。

わたしが大いにおどろき、また感心させられたのは、その危険な綱渡りを敢行する芸人の能弁さだった。とにかく、地上四〜五メートルもある空中で、いろいろなむずかしい芸を行なうのだから、相当な集中力を必要とするのは誰が見てもわかる。

ところが、この中年男性の綱渡り師は、ひとつひとつの技ごとに無線マイクでいちいち「口上」を述べるのだ。日本人の曲芸師なら〈オレの芸を見てくれれば、すべてわかる〉とばかり、何もいわずに黙々

「サムルノリ」で知られる農楽
（写真提供／韓国観光公社）

と芸そのもので勝負しようとするだろう。日本人にとって、〝説明〟は不要なのである。

ソウルの地下鉄に乗ると、ときどき物売りが現れるが、彼らも大きな声で商品についての口上をいってから、売り始めていた。テレビに出てくる韓国の芸能人も、それぞれ自分のいいたいことをよどみなく、多量にしゃべっているのが、印象的だった。

✚✚✚✚✚✚

以前、釜山《プサン》で開催された国際交流に関するシンポジウムに、パネリストとして参加したことがある。

韓国人の大学教授四人とともに演台にならび、司会の人からそれぞれ一五分の意見表明が求められた。わたしは韓国語の通訳が必要なので、いうべきポイントをいくつかにしぼって、わかりやすく話す心づもりでいた。

ところが、ここで予期せぬ事態が生じた。わたしの前に話した四人の韓国人の先生は、いずれもマイクをにぎったら百年目、ここぞ人生の晴れ舞台、といった感じで、聴衆にむかって熱くとうとうと弁じ立て、どの人も一五分の制限時間を大幅に超過した。

民俗村で演じられる伝統的な「乗馬」（写真提供／韓国観光公社）

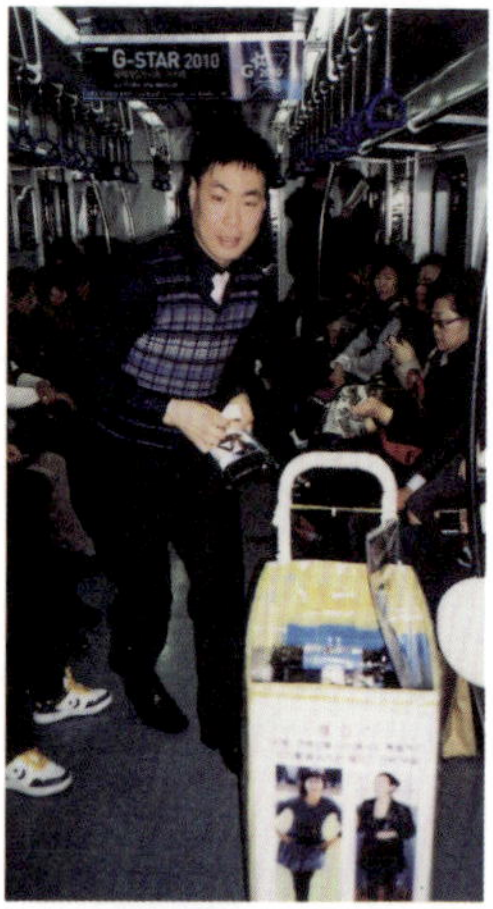

ソウル地下鉄内の物売り。「口上」を述べて女性用ストッキングを販売。けっこう買い手があるのに驚く

その結果、予定した時間はすぐになくなって、最後にマイクをとったわたしは、司会者から「小竹先生、五分でまとめてください」といわれてしまった。このとき、茫然として天を仰いだのを、ついきのうのことのように思い出す。

◆◆◆◆◆◆

韓国には、思わずひざを打ちたくなるようなすばらしいことわざがたくさんあるが、「文に長《た》けた子より、雄弁な子を産むべし」とか、「力強い子より、話上手な子を産むべし」、あるいは「道は行きよう、ことばは言いよう」、さらには「一言のことばで千両の借金も返せる」というものまであるそうだ。

わたしが韓国語の手ほどきを受けた渡辺吉鎔《キルヨン》先生は、「韓国では、文章も体力も、雄弁術にくらべるとたいして価値がない。話し上手こそ尊ばれてきたのである」（『はじめての朝鮮語―隣国を知るために』より）と述べておられる。「沈黙は金」とか「いわぬが花」とかよく口にする日本人とはちがい、韓国人にとって自分が思っていること、考えていることを言葉としてうまく発話することが、生きる上で何よりも重要なのである。

ここら辺の事情について、作家の司馬遼太郎さんは「自分を説明しない民族というのは、日本人だけでしょう。自分という者は、こういう思想や原則をもち、こんな意見をもっている。そういう自分がこういう目的であなたに会いに来た。一番重要なのは、君と私の間に利益の一致点を見出すことだということを、きちっと歴史的に現実的に、そして魅力のあるレトリックを使って説明する、ということです。われわれは、そういうことをするのは野暮でいかがわしいと考えている。基本的に、自分について何もいわないのが粋《いき》で謙虚だという文化があるから、ついニコニコしたままで相手の前ですわっている。そしたら、向こうはひょっとすると悪者と思うかもしれません」（『民族と国家を超えるもの―司馬遼太郎対話選集10』より）と述べていた。

以上のことを下敷きにして考えると、これまで日本人が逆立ちをしてもなれなかった国連事務総長に、韓国人の潘基文《パンギムン》氏がなったことも（任期、二〇〇七～二〇一六年）、ナルホドとうなずける。丁々発止《ちょうちょうはっし》の議論がくり広げられる国際舞台では、日本流のナアナアの議論はまったく通じす、利害がぶつかる相手を上手に説得できる、レベルの高い弁論術がものをいうのだ。

グローバル化が日に日に進む現代世界にあって、「ものいえば唇寒し」といった日本の文化は、やはりどうにかしなければいけないところに来ているのではなかろうか。

2 絶品キムチと「整形大国」
～ソウル・恵《ヘ》化《ホワ》の繁華街を歩く～

韓国を代表する食べ物といったら、まずまちがいなくキムチだろう。白菜などの野菜をつけこんだ〝韓国版の漬物〟がキムチだが、豊臣秀吉の朝鮮侵略（文禄・慶長の役、一六世紀末）のときに日本から入った唐辛子が加わって今のかたちになったという説もある。

材料や薬味や製法は各地方、各家庭でいろいろ異なり、同じキムチといってもさまざまな味やバリエーションがあるという。

このキムチ、わたしが教える大学（APU立命館アジア太平洋大学）の学生食堂でも、人気メニューのひとつになっている。昼めしがおそくなるときなど、売り切れで食べられないことがあるほどだ。

「一皿60円」の学食キムチは、やはり食材も味のほうもいまひとつ……だったので、今回ソウルの旅での楽しみのひとつは、「本場

右頁）右・瓶は蒸留酒のソジュ、右上は豚の頭肉、キムチ　左・キムチ
左頁）右・カルビチム（牛カルビの蒸し煮）　左・ビビンパ

のおいしいキムチを味わうこと」だった。

ところが、ソウルの食堂で何度も食事をし、そのたびにキムチを食べているのだが、どうしたわけかなかなか「これはうまい！」と思えるキムチにめぐりあえなかった。

ある日、韓国人の友人に「あそこは外国人旅行者がほとんどいかない盛り場なので、行ってみたらいいですヨ」と教えてもらった恵化《ヘホウ》というところへ足をはこんだ。

金曜の夕刻とあって、仕事帰りのビジネスマンやビジネスウーマン、若いカップル、学生たちでたいそうにぎわっている。ネオンやライトで煌々と明るいメインストリート。その両側に立ち並んだ各種の店舗や飲食店、喫茶店、映画館などをひやかして歩いているうちに、いささか小腹がすいてきた。

それで、繁華街のいちばん端にポツンとあったしもたや風の小さな食堂に入った。丸イスがふたつついた小テーブルが五つか六つしかない、文字通り場末の大衆食堂といった感じだ。七〇年配の老夫婦がふたりで切り盛りしているらしく、壁のメニューを見たら、いちばん高い値段のものが「二五〇〇ウォン（約二五〇円）」だった。

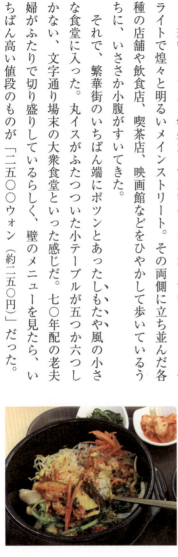

その二五〇〇ウォンの「トゥブチゲ（豆腐なべ）」をおやじさんに注文すると、五、六分してアジュンマ（おばさん）がアルミの丸いお盆にのせてもってきた。

小さなテーブルの上におかれたものは、小ぶりの陶製なべにはいったアツアツのトゥブチゲと、丸型ステンレス容器入りのご飯、そして小皿にもられた白菜のキムチの三品だけだった。

ふつう韓国の食堂では、「トゥブチゲ！」と単品を注文しても、ご飯のほかに副食のおかずがおどろくほどいろいろ出てくる。それで、三品だけの食卓を前に、〈値段が安いんだから、こんなもんか……〉といくぶんガッカリしながら、真赤な唐辛子から真白なカオをのぞかせる白菜のキムチを口に入れた。

その瞬間、目の前に無数の星が輝いた。これが、なんといおうか、絶妙な味で超うまいのだ。これぞ本場のキムチ！　食堂のアジュンマが三〇年、四〇年と年月をかけて作りあげた本物の韓国キムチ。サクサクと歯ごたえもいい、その絶品のキムチを味わいながら、〈ああ、やっぱりソウルに来てよかった！〉と心の中でつぶやいた。

食後、わたしが下手な韓国語で、「これはソウル一のキムチですネ〜」と絶賛すると、アジュンマとおやじさんはとんでもないという顔をして、ニッコリとほほえんだ。

そう、こういうステキな出会いがあるからこそ、旅はやめられないのだ。

さて、恵化の繁華街をわたしに紹介してくれた韓国人の友人に、後日お礼かたがたこの場末の食堂で味わったキムチについて話してみた。すると、彼の口からわが耳を疑うような話が出てきた。

それは、ソウルの一般の食堂で出されているキムチは多くが中国産だというのである。「エッ、中国でつくったキムチ……」と絶句したわたしだが、〈なるほど、ソウルで食べたキムチがおいしくないわけだ〉と納得した。

韓国のある記者によれば、「中国産キムチの卸売り価格は一キロ当たり約八〇〇ウォン（約八〇円）。これは韓国産のおよそ四分の一です。韓国の食堂ではキムチを無料で提供するので、なるべく安価なものを使わざるを得ない。今やほとんどの食堂が中国産キムチを使っているので、中国からの輸入は増えるばかりです」という。

韓国の「国民食」ともいわれてきたキムチだが、近年豊かになった国民の食生活が多様化するにつれて、「キムチはきらい」と食べない人も出てきている。また、ソウルや釜山《プサン》など高層の団地住まいの人が多くなり、自宅でキムチを漬ける家庭がどんどん少なくなっているらしい。

こうした状況のもとで、韓国のキムチは果たして二一世紀を生き延びられるのだろうか。

ところで、ソウルを二週間ほどあちこち歩き回って、わたしがとりわけてさびしく思ったことがある。それは何かというと、ソウルの町で見かける美人の姿がめっきり少なくなったことだ。

忘れもしない一九八八年、ソウル・オリンピックがあった年に、わたしは生まれて初めて韓国の地を踏んだ。そのとき、今回と同じように明洞《ミョンドン》に宿をとり、年の瀬のソウルをブラブラ歩いたのだが、路上ですれちがう韓国人女性の美しさに目を見張った。

そのときの感じとしては、街を歩く若い女性の三人にひとりは「美女」に見えたように思う。〈韓国はなんて美人が多い国なんだろう。韓国の男はほんとうに果報者だナー〉とひとりごちたことを、今でもおぼえている。

それがどうだろう、今回ソウルの路傍でじっと目をこらしても、美しい女性はほとんどいないのだ。いったいこれはどうしたことなのだろう。あれだけたくさんソウルに棲息していた韓国美人は、一体どこに消えてしまったのだろうか。

この〝韓国美人・行方不明問題〟をわたしなりにいろいろ考えて、ひとつのキーワードにたどりついた。そのキーワードとは「高度消費社会」である。

韓国は、一九六〇年代後半から経済の高度成長がはじまり、「漢江《ハンガン》の奇跡」といわれるほどの成功をおさめた。そして、OECD（経済協力開発機構）にも加盟し、二一世紀に入っても韓国はひきつづき発展をつづけている。

韓国人とりわけソウルに住む人々の生活レベルはウナギ登りにあがり、ついにいわゆる「高度消費社会」が実現したわけだ。

この高度消費社会の特徴をひとつあげると、「お金があれば、何でも手に入れられる」という考え、あるいは幻想のようなものが人々の心をとらえることだ。

おそらく、ソウルの女性たちが手にしたお金で何としても買いたいと思ったものが、〝美〟だったのだろう。韓国での美容整形ブームは、高度消費社会が解放した韓国人女性の欲望のバクハツだったわけである。

いま韓国では、「美容整形は女性の常識」といわれているという。先日も、わたしの研究室に韓国人の女子学生がたずねてきた。彼女はわたしが日本語初級を教えた学生で、すでに卒業に必要な単位をすべて取り終えたので、帰国のあいさつに来たという。

「エッ、もう卒業するの……」とおどろきながら、彼女の顔を見たとき、なにやら不可解な感じが心をよぎった。半年ぐらい前にキャンパスで会ったときと、顔の印象が何かちがうのだ。

それで、もう一度よく彼女の顔を見て、「前より目が大きくなったんじゃないの?」とたずねたところ、「先生、わたし一ヵ月前にソウルで整形手術を受けたんです」との答え。あまりにアッケラカンとしていうので、一瞬言葉につまったが、「アー、そう……」と平静をよそおいながら、あらためて彼女の目元を凝視した。

彼女によれば、上のまぶたをあげて、目のかたちをすっきりさせた由。手術代は日本円で一六万かかり、本来なら二〇万はする手術だったという。

「フーム……」とうなずきながら、さら

高麗大学の日本語コースに参加していろいろな文化研修を受けた。なかでも「キムチ作り」は最高に楽しかった

にいろいろきいてみると、彼女はこれからソウルにもどって就職活動に専念しなければならず、そのための整形手術らしい、ということがわかった。

韓国では大学卒業生の数がとても多くて（大学進学率は同世代の約七割！）、大卒の就職は日本以上に厳しいといわれる。なんでも、就活をするうえで有利な条件として、一、学歴、二、大学の成績、三、TOEIC（英語検定）の成績、四、ボランティア活動の体験、五、各種の資格、六、企業でのインターンシップ（研修）の経験のほかに、「就活整形」もときにあげられるというから、おどろきである。

とにかく、両親が娘の大学合格のお祝いに手術費用をプレゼントするとか、女子大生の卒業プレゼントに整形手術をしてやるとか、かなり気軽に美容整形が行なわれているわけだ。

韓国の有力新聞『朝鮮日報《チョソンイルボ》』が二〇〇〇年代半ばに某化粧品会社とタイアップしてリサーチ会社に依頼した「韓国人の見かけに関する意識調査」（一五歳から四九歳までの男女八〇〇人を対象）の結果が興味深い。

これによれば、全体の八六％が「美貌はすなわち競争力」と答え、七七％が「自らの見かけは社会的な地位と能力を示す」としている。また、美容整形については、七六％が「整形手術で見かけに自信を得られるなら、やってもよい」と回答し、六五％が「自分の男友達や女友達が整形をするといえば、喜んで賛成」といい、そして五五％の人が「もう少しよい見かけのために、整形をする考えがある」と答えている。

さらに、全体の九四%の人が「見かけが就職の面接の際に関係がある」とし、七五%が「相手を評価する際に、見かけに影響を受ける」といい、そして六〇%が「必要なら、自分の子供にも整形を受けさせる気持ちがある」と回答した（平井久志『コリア打令《タリョン》』―あまりにダイナミックな韓国人の現住所』より）。

以上の韓国人八〇〇人に対するアンケート調査からわかるのは、〝見かけのよさ〟が「競争力」、「社会的な地位」、「能力」と直結している、と八割前後の人が考えていることだ。わたしの大学のキャンパスで、韓国からの先生方や学生たちが見ばえのするいい服装をしているのは有名な話だが、それはこうした韓国人の「外見至上主義」からきているのだろう。

自分が美しく、カッコよくなるのは無条件にいいことで、同時にそれがよりよい配偶者や仕事や地位の獲得にもつながる、と考える韓国人。

女性たちの解放された〝美への欲望〟と、このようなドライで実利的な外見至上主義の前では、「身体髪膚《しんたいはっぷ》これを父母に受《う》く、敢えて毀傷《きしょう》せざるは孝の始まりなり（自分の身体は両親からもらったものだ。これを傷つけないことこそが、親孝行の第一歩である）」（『孝経』）という儒教の教えなど、まったく関係ないようである。

ふってわいたような高度消費社会の出現のなかで、かくして韓国は世界でも有数の「美人整形大国」となり、韓国人女性はわれもわれもと美容整形クリニックの門をくぐった。（このソウルの

暑い夏のソウルに欠かせないかき氷、ハッピンス。なかでもマンゴーハッピンスは大人気。完熟のマンゴー、シャーベット、小豆が添えられている

街でよく見かける美容整形クリニック。入口には、整形手術をする若い男性医師数人と、これまた若い女性の看護師たちがいっしょにうつったカラー写真がかかげられてあり、「病院」の重くるしいイメージはない。）

その結果、どうなったのか。ソウルの街を歩く若い女性たちは、どれもこれも同じように〝整った〟、無味乾燥でのっぺらぼうのマネキン顔になった。人工的で画一的な整形手術の〝美〟は、その女性が本来もっていた美しさを失わせてしまったのだ。

さらに、ゆたかな高度消費社会のなかで、韓国人女性はこれもほしい、あれも買いたいと、欲望をどんどん肥大させていった。日本や、わたしがよく知るシンガポールでもそうだったが、女性の肥大した欲望は〝心の窓〟たる目にくすみとなって現れてくる。

かつてソウルの路上で、わたしが感動した韓国人女性の輝くような目と美しい顔立ちは、まことに残念なことながら、今や消息不明となってしまったのである。

3 韓国人学生はなべて「SKY（空）」をめざす

〜ソウルの高麗大学潜入と韓国人の「身体距離」〜

私事で恐縮だが、わたしはここ一五年ほどAPU（立命館アジア太平洋大学）で留学生教育にたずさわってきた。

APUは、大分県の「湯の町」別府の山麓にあり、「日本で最初の本格的な国際大学」として、学生総数約六〇〇〇人のうちほぼ半数を世界八六ヵ国・地域から来た外国人が占めている（二〇一七年）。これら留学生のうち、二〇〇〇年四月の開学以来ずっと学生数で上位三位内に入っているのは韓国からの学生で、わたしは学期中はほとんど毎日韓国人と顔を合わせ、日本語を教えてきた。

日本語の上級、超上級の学生ともなると、日本語でいろいろな話題をかなり自由に話し合える。韓国人の学生たちとのおしゃべりの中で、わたしが一番おどろいたのは彼らの高校時代の勉学生活だった。

とにかく、韓国の高校生たちは毎朝学校へ行くとき、三つの弁当を持っていくというのだ。

「エッ、どうして?」と思わず訊《き》くと、早朝七時から夜一〇時まで学校で勉強するからだという。学校にいる時間は一日一五時間! さらに、帰宅して夜食をとってから、宿題にとりかからなければならない。睡眠時間は三、四時間があたりまえ……。

最初、こうした話を耳にしたとき、わたしは学生が話をおもしろくするために、かなりおおげさに脚色しているのだと思った。また、高校三年の受験期ならありえる話かも、とも考えた。ところが、毎年新しく入学してくる韓国人学生が、いつも同じような話をし、それが高校一、二年のときもそうだ、という学生もいて、わたしはだんだん背筋が寒くなってきた。

どう考えても、この勉強づけの高校生活(クラブ活動などはほとんどないという)は、日本人の普通の感覚からすると、ちょっと度をこしているといわざるを得ない。

では、高校生にそれほどメチャクチャな勉強をしいている理由は何なのだろうか。韓国人の学生たちは口をそろえて、「それはもちろん、いい大学に入るためです」と答えた。また、近年韓国では「大学を出なければ、人生がひらけない」との風潮が社会に浸透して、ネコもシャクシも大学とばかり、大学進学率が男女とも七〇%をこえているという。

そういえば、毎年一一月下旬ごろになると、日本のテレビでも韓国の大学受験にかかわるニュースが流れる。電車の事故などで受験会場に遅れそうになった学生を、警察のパトカーが急送した、といった話だ。

この全国共通の国家試験(日本の大学入試センター試験に相当する)を、韓国では「修能(修学能力試験)」と呼び、この試験の成績でどこの大学へ行けるかが決まるという。

したがって、韓国の高校生はすべからくこの「修能」でいい点を取ろうと頑張るわけだが、わたしの学生たちに「修能で高得点をとって、入りたい大学ってどこなの?」とたずねてみた。

その答えがふるっている。仰ぎ見る「SKY(空)」なのだという。つまり、「S」がソウル大学(国立)、「K」が高麗《コリョ》大学、そして「Y」が延世《ヨンセ》大学で、この〝SKY〟が見上げてめざすべき目標だそうだ。


そうそう、わたしは以前この〝SKY〟の真ん中「K」たる高麗大学を訪れたことがあった。二月下旬、ソウルの昼下がりの気温はマイナス一度。

大学の名前が地下鉄の駅名になっているだけあって、高麗大学のキャンパスはものすごく広い。点在する石造りの校舎もドッシリとしてりっぱで、さすが伝統ある名門大学の風格が感じられた。

平日の午後だというのに、学生の姿がちらほらしか見えないので、ちょうど通りかかった小太りの男子学生に英語でたずねてみた。彼は文法そのままの折り目正しい英語をつかって、「大学はいま、一二月末から二ヵ月ちょっとの冬休み中です。三月四日から新学期が始まります」と答えた。

〈そうか、韓国の大学は学年末の休暇が日本と一ヵ月ずれているのか……〉と思いながら、正門近くの広場の方へ歩いていくと、大型バスがつぎからつぎへと乗り入れてきた。ざっと数えて

高麗大学（写真提供／韓国観光公社）

二〇台ぐらいだろうか。

〈何だろう……〉といぶかしく思い、なりゆきをじっと見ていたら、バスから若々しい男女の学生がそれぞれ旅の荷物をもって降りてくる。一台につき二〇人から三〇人ぐらい。これは大変な人数である。

おどろいたことに、バスを降りた学生たちはおのおのグループごとに集まって円陣をつくり、いっしょに肩を組んでグルグル回りながら歌をうたい出した。その円の中心では、上級生とおぼしき男子学生が寒空の下、旗をふって後輩たちを鼓舞している。

近くで見守る上級生のひとりをつかまえて訊《き》くと、これはこの三月に入学する新入生のためのオリエンテーションなのだという。今年度の新入生三九〇〇人のほとんどが学部ごとに参加し、東海岸にある束草《ソクチョ》という小さな町で、二泊三日の合宿をしてきた由。先輩学生のリードで、歌ったり、踊ったり、ゲームをしたりして、〝高麗大生意識〟をつくるのが目的らしい。

いってみれば、韓国の大学では、入学前から友達づくりをしながら、意識的に母校への帰属意識を醸成しようとしているわけだ。

韓国は「人脈がものをいう社会」といわれる。自分が知っている人がその部署にいるのといないのとでは、取り扱いや待遇に天地雲泥の差が出る。コネがある人の一存で、物事が自分にとって迅速かつ有利に運ぶ可能性が大きい、というわけである。

——と、ここまで考えてきて、はたと思い当たることがあった。

それは他でもない、韓国の高校生が毎日学校へ持っていく三つのお弁当を、厳寒の冬でも朝早くから起き出して作っている母親の奮闘ぶりのことだ。

おそらく、韓国のお母さん方は、自分の属する国が学閥社会、人脈社会、コネ社会であり、息子や娘が歴史のある名門大学に入ることは生涯にわたって大きな利益が得られるということを、肌身に感じて知っているのだろう。

日本人には〝やりすぎ〟とも思える韓国の熱い受験戦争の裏には、こうした韓国人のしたたかでドライな現実主義が脈々と生きているわけである。

✚✚✚✚✚✚

さて、APUのキャンパスでは、中国人、台湾人、モンゴル人、ベトナム人、韓国人、日本人と、顔つきがよく似た二〇歳前後のアジア人学生たちが、思い思いに闊歩している。いずれも現代の若者のこととて、Tシャツにジーンズといったように服装も似たりよったりで、彼あるいは彼女が何人《なにじん》なのかを判別することはけっこうむずかしい。

ただ、これらの中で、韓国人の学生を見つけるのは比較的容易である。というのは、韓国人学生たちの身なりは男女ともおおむねハデで目立ち、その上たいがい四、五人のグループをつくって移動したり、おしゃべりしていることが多いからだ。

また、キャンパス内をふたりで手をつないで歩いている女子学生も、たいていは韓国人である。わたしも他の日本人と同様、最初こうした〝手つなぎ女子学生〟を目撃したときは、〈いい年をして……〉と思ったものだ。

しかし、ソウルの町を散歩すると、女子高生や女子大生が友人同士で手をつないで歩いているのをよく見かける。韓国人の若い女性にとってはあたりまえのことのようで、これは韓国の文化であることがわかった。

◆◆◆◆◆◆

人と人との物理的距離、つまり「身体距離」はそれぞれの民族、文化によってちがっていることが、文化人類学者の研究によって明らかにされている。

たしかに、ソウルの食堂や喫茶店などで、韓国の人たちが語らっているのをよく見てみると、お互いの間隔は日本人より明らかに短い。この「対話距離」については、作家の関川夏央氏がつとに「日本人の安定的対話距離の三分の二くらいが韓国人のそれではないか、という仮説をたてることができる。喫茶店での観察によれば、日本では対話者同士の距離は平均九〇センチなのに対し、韓国では六〇センチである」（『ソウルの練習問題―異文化への透視ノート』より）と述べている。

韓国のドラマを観ていると、ときどき同性の友達同士が同じベッドに入って寝る場面が出てくる。多くの日本人はこれになにがしかの違和感をもつものだが、韓国人にとってはごく自然のことのようだ。

そういえば、APUで学ぶある在日の韓国人女子学生が、「わたしのアパートにはよく友人が泊まりに来るんですが、これまでの経験から、相手が韓国人の場合は二人で同じベッドに寝ることにして、相手が日本人の友達の場合は、彼女をベッドに寝かし、わたしは床にマットレスを敷いて寝ることにしています」といっていた。

以上のことを総合して考えると、どうやら韓国人の日常生活において、相手との距離は日本人よりかなり短いことがうかがえる。

韓国人の友達と並んで歩いていた日本人男子学生が、つねに間隔を狭めようとする韓国人から無意識に離れようとして、ドブに落ちてしまった、という笑い話もある。

韓国人は、自分ひとりでいるときの「空間感」は日本人より広いのを好む反面、他の人といるときの相手との「身体距離」は短く狭いのを好むという、なかなか複雑でおもしろい性向をもった人たちのようである。

4 韓国人の〝無愛想〟と「情」の深さ

～江南《カンナム》の高級マンション群を歩く～

日本から韓国へいくとき、大韓航空とかアシアナ航空とかいった韓国の航空会社をつかってみるとおもしろい。

日本の空港の待ち合い所から、搭乗のアナウンスをきいて、一歩韓国の飛行機に足を踏み入れると、そこはもう別世界だ。韓国人の乗客が多く、機内に耳なれない韓国語がとびかっていて、何ともいえない異質の空気につつまれる。

さらに、日本人の乗客をとまどわせるのは、韓国女性の客室乗務員がただよわせている独特の雰囲気だ。ふだんデパートや街の喫茶店などで接している日本人女性の物腰やわらかいソフトな対応になれきっている日本人にとって、彼女たちのニコリともしない仏頂ヅラやつっけんどんな応対は一大ショックとなる。

韓国人の女性はコワイ——韓国をはじめて旅行する日本人の多くがもつ、いつわりのない第一印象である。

たしかに、ソウルの街を終日歩き回り、駅員や食堂の店員やショッピング・センターの売り子などと接していつも思うのは、〈こちらは客なのだから、もう少し愛想よくしてくれてもいいんじゃないか〉ということだ。

最初のころは、彼ら彼女らの無愛想がいわゆる「反日感情」からでているのかナ……、と思ったが、その後よく観察しているうちに、それが他の外国人に対しても同様であることがわかった。いや、外国人どころか、同胞の韓国人にもまったく同じ無愛想で接しているのを、わたしは何度も目撃しているのだ。

いったい、これはどうしたことなのか。この問題をいろいろ考えるなかで、わたしの大学のある女子学生が話してくれた、ソウルでの経験談を思い出した。

APU（立命館アジア太平洋大学）は学生のほぼ半分が外国からの留学生で、日本人学生は初年度のワークショップや部活やゼミなどを通じて、仲のいい外国人の友達ができる。

その女子学生は、語学の授業で友人になった韓国人学生の誘いで、夏休みにソウルを訪れ、彼女のお宅にごやっかいになったという。そのおりのことである。

ソウルの街角、梨泰院（イテウォン）界隈。古くから外国人向けのショッピング街として有名で骨董屋も多い

ある日曜の朝、前日のソウル観光で疲れてぐっすり眠っていたところを、なにか家族がいい争っているような声がきこえ、おどろいて目をさました。

おそるおそるドアをすこしあけ、声がする居間のほうをうかがうと、新しいテレビを配達にきた電気屋の男性と友人の両親が大きな声でやり合っている。

なにかケンカしているような雰囲気なので、こわごわ注視しているうちに、その電気屋の人はふつうに帰っていった。どうやら、新しく買ったテレビの取り扱い方について、お父さんとお母さんがいろいろ質問していたようだ。

日本でなら、配達しに来た人たちに対して、「どうも、暑いところをごくろうさま」とかいって、ていねいな対応をするのが一般的だが、韓国では配達員などのアカの他人に対しては、そうした〝気づかい〟をすることがないらしい。

このソウルでのビックリ体験談をきいて、わたしはすぐシンガポールでのエピソードを思いついた。それは他でもない、シンガポールの華人（中国系市民）の男性と国際結婚した日本人女性たちが異口同音に語ることだ。

それは、家族やしたしい友人たちにはとてもやさしい夫が、訪問販売にきたセールスマンにはいつもとりつくしまもない冷たい態度をとる、という話である。

そういえば、シンガポールの華人も見知らぬ人や外国人に対しては、みごとなほどに無愛想で、観光業に力をいれるシンガポール政府はもうずいぶん前から「礼節運動」（お客さんにはつねにニコニコして愛想よくしよう、というキャンペーン）を毎年のように展開している。

また、経済発展いちじるしい中国でも、旅行客に対する店員やホテルの従業員の無愛想や態度のわるさが問題となっている。

日本の新聞にも、「もう二度と中国に行きたくない――中国旅行から帰った日本人から最近そんな声をよく聞く。行く先々で店員やホテルのフロントがあまりに無愛想で不親切だからというのである。この問題、実はかなり以前から指摘されており、『中国名物』にさえなっている。物を買ってもおつりを放ってよこすし、何かたずねても、こちらをにらみつけるか徹底的に無視する。日本人が特に嫌いかというとそうでもなく、この態度は白人に対しても同じだ」といった記事がときどき出る。

韓国人、シンガポール人の華人、そして大陸の中国人に共通する、アカの他人に対する無愛想やぞんざいな態度。これのよってきたる原因は、同じシンガポールの華人でも英語教育を受けた華人はけっこう愛想がいいことからもうかがえるように、古くからの儒教文化にあるようだ。

中国の「儒教の聖典」ともいえる『論語』には、つぎのような一節がある。「子《し》の曰《のたまわ》く、巧《こう》言令色《げんれいしょく》、鮮《すく》なし仁」（先生がいわれた、「ことば上手の顔よしでは、ほとんど無いものだよ、人の徳は」。金谷治訳注『論語』より）。つまり、人前で不必要にニコニコし、愛想よくすることは「すくなし仁」であり、そうした心のこもっていない愛想のよさを、孔子はキッパリと否定しているのである。

さらに『論語』を注意深く読んでみると、そこで説かれている人間関係の処し方というのは、あくまでも自分の身内・親戚や親しい友人たちからなる「親類縁者」の中でのことであり、それ以外のアカの他人とどう人間関係を切り結んだらよいのかという問題は、ほとんど出てこないのだ。孔子にとって、アカの他人との関係は、論ずるに足らない〝どうでもいいこと〟だったのではなかろうか。

無愛想やつっけんどんな対応が、その人の性格やしつけの良し悪しの問題ではなく、文化の問題なのだ、といえば、おおかたの日本人は意外な顔をし、おどろくことだろう。

日本人としては、韓国の街で人々の無愛想に接しても、それが決して悪意から出たものではなく、彼らなりのライフ・スタイルなのだと割り切って考え、いちいち気にしたり目くじらを立てないことが肝要である。

◆◆◆◆◆◆

さて、ソウルを一週間あまり歩きまわり、いささか街歩きに倦《う》んできたころ、ふと思いついて、ソウルの地図を広げてみた。北は北岳山を背にし、南は漢江《ハンガン》をのぞむ王都・ソウル。その全域をぼーっと眺めているうちに、ひとつのことに気がついた。それは他でもない、それまでわたしが歩いたのは、ソウルを東西に流れる大河・漢江の北の地域だけで、その南に広がるいわゆる「江《カン》南《ナム》」にはまったく足を踏み入れていない、という事実だった。

そこで、かつては王宮を中心とする旧市街がある「江北《カンブク》」に、野菜や果物を供給する近郊農村だったという江南の地を、ブラブラ歩いてみようと思い立った。

明洞《ミョンドン》から地下鉄にのって、漢江の河底の下を通りぬけ、「狎鷗亭《アプクジョン》」という奇妙な名の場所についた。ここは漢江の南岸に位置し、李朝の高官が別荘を建てたところだという。

「亭《ジョン》」というのは屋根と柱だけのあずまやのことをいい、ガラスのなかった時代に、四方の景色を自由に見はらせるように壁をつくらなかったもの。明《ミン》国からの使節が来たときに、この狎鴎亭へ招待してもてなしたらしい。

そんな招待の宴席で、明からの使臣がとうとうと流れる漢江の上をとびかう鷗《カモメ》を見て、「カモメを狎《なら》すためには、私心があってはならない」との意味をこめて、「狎鷗亭」と命名した由。

そうした由緒ある景勝の地を思い描いて、地下鉄の狎鷗亭駅の階段をあがったわたしが、出口からでて目にした光景は、文字通り驚天動地《きょうてんどうち》のものであった。

とにかく、まず空にカモメの「カ」の字も飛んでいない。眼前には「現代《ヒュンダイ》」という、かつて景勝地だったことをせせら笑うような、意味ありげな名の大きなデパートが建ちふさがり、周辺にはカフェやブティックなどの〝現代〟的でオシャレな店がならんでいる。

きけば、ここ江南は一九六〇年代から九〇年代にかけての高度経済成長期に急速に開発がすすみ、一九八八年のソウル・オリンピックでは競技場のほとんどが江南に建設されたのだという。

〝ソウルの浦島太郎〟になったような気分で、フラフラ歩いていくと、高層のアパートが林立する住宅地域が現れた。「現代《ヒュンダイ》アパート」と名づけられた各棟は、いずれも一五階建て。窓ガラスの色も濃いグリーンに統一され、建物にそって背の高い樹木がズラーッとならんでいる。各棟の間をぬう道には、しゃれたカフェやケーキ屋やスーパーがあった。スーパーの中に入ってみると、身ごしらえのよい婦人がゆっくり買い物をしている。スーパーの前の道端には、語学院や塾のマイクロバスがとまっていて、母親が子供をのせている姿が印象的だった。

なんでも江南は〝教育ママの巣窟〟といわれているそうである。

◗◗◗◗◗◗

江南の集合住宅地は、各戸が一〇〇平米以上の広さをもち、ソウルっ子のあいだでは「高級マンション」として憧れの的になっているという。

まわりに樹木の緑が多く、たしかに住みやすそうな高層アパート群をあらためて眺め、〈ここにはどんな暮らしがあるんだろう……〉と想像しているうちに、ふと日本でマンション暮らしをした韓国人夫妻の話を思い出した。

いずれも四十年配のその夫婦が日本のマンションに住みついて、まず目を見張ったのは、同階に住む日本人の奥さん方のどうにも理解できない行動スタイルだったという。

それは何かというと、平日の午前中それぞれ夫と子供を送り出したあとなどに、マンションの廊下で奥さんふたりが長々と立ち話をしていることだ。韓国のマンションでなら、まずまちがいなくどちらかの家にあがりこんで、お茶でも飲みながらゆっくりおしゃべりするのに。どうして日本人は、近所の人を自分の家に入れないのか。日本人のつき合いはそらぞらしくお互いに冷たい心で接しているのではないか――これは、日本のマンションに住んだ韓国人の多くがかならずいだく疑問だという。

✚ ✚ ✚ ✚ ✚ ✚

たしかに、アカの他人に対しては無愛想でつっけんどんな態度をとる韓国人だが、自分の家族や友達や顔見知りの人に対しては、日本人がおどろくほど親密な関係をもとうとする。

わたしが教える大学で学ぶ韓国人の男子学生が、夏休みに国へ帰るとき、日本にとどまってアルバイトをする友人に、「これ、オレの部屋のカギ。オレがいないとき、自由につかってもいいヨ」と手渡すのを、わたしは見たことがある。日本人の友人間では、まずありえない話だ。

夫婦関係でも、韓国人に「日本では、夫と妻はそれぞれ別の布団で寝る習慣があります」というと、〈信じられない……〉といった顔をする。韓国では、夫婦はダブルサイズの布団にいっしょに寝るのが当たり前だという。

韓国には「タジョンハン・サラム」（多情な人）という言葉があり、「情が深くていい人」の意味で、プラス評価でよく使われている。「多情《タジョン》」はそのまま人間関係の密度の濃さにつながり、それが社会的な価値として認められているわけである。

アカの他人には、とりつくしまもないほどに冷たい韓国人。一方、家族、親戚、友達、同僚、近所の知り合いといった〝親類縁者〟には濃密な〝情〟をかける韓国人。こうしたアカの他人と〝親類縁者〟との関係性に、大きな落差があるところに、韓国人のひとつの特徴があるように思われる。

第2章

「儒教のメッカ」安《アン》東《ドン》への旅

1 安東で出会ったベトナム
～なぜ韓国の大統領はいつも逮捕される？～

韓国を訪れた日本人は、誰でも一〇〇パーセント例外なく、毎日ふたりの韓国人男性と顔を合わせ、なにかと世話になる。

そのふたりとは、白いあごひげをはやした「李退渓《イテゲ》先生」と若々しくハンサムな「世宗《セゾン》大王」だ。そう、李退渓先生は一〇〇〇ウォン札の人であり、世宗大王は一万ウォン札の顔となっている。今回の旅では、五万ウォン札も拝むことができたが、これは「申師《シンシ》任堂《ニンドウ》」という女性だった。なんでもこの女性は、李氏朝鮮時代（一三九二～一九一〇年）に活躍した李栗谷《イリッコク》の母親で、韓国では〝良妻賢母〟の代表格としてよく知られているという。一〇〇〇ウォン札の李退渓先生にしても高名な儒学者であり、韓国で儒教というものがいかに大きな位置を占めているかがよくわかろうというものだ。

たしかに、韓国では年長者の前でタバコを吸ってはいけないとか、地位の上の人に物を渡すときは両手をつかわなければいけない、とかいったことがいわれ、わたしの大学の韓国人の教え子たちを見ても、「先輩―後輩」の上下関係はことのほか厳しい。いうまでもなく、儒教の「長幼の序」の教えからだ。

儒教の国、韓国。その儒教のなかで一番有名な李退渓先生の一〇〇〇ウォン札の裏を見ると、山あり川あり、姿のいい松が生《は》えた島ありといった、美しい風景が描かれてあった。韓国人の友人によると、この場所は李退渓先生がじっさいに教鞭をとった「陶山書院《トサンソウォン》」の情景だという（現在流通の新しい紙幣はデザインが変更されている）。

そこで、わたしはこの陶山書院を訪れようと思い、韓国における〝儒教のメッカ〟安東《アンドン》への旅を決めたのだった。

◗ ◗ ◗ ◗ ◗

ソウルから安東へ行くために、江南《カンナム》の高速バスターミナルからバスに乗ることにした。料金はおどろくほどに安い（日本の交通費が高すぎるのだ！）。

ホテルを朝一〇時に出て、きれいに晴れ上がった空を見上げると、九月初めだというのにもう秋の気配があって、ハッとした。韓国の秋は早い。大学の新学期も、九月初旬にスタートする。

安東の町は、韓国南東部に広がる慶尚道《キョンサンド》（「道《ド》」は日本の県にあたる）の北、つまり慶尚北道《プクト》にある。

平日とあって、乗客が七～八人しかのっていない大型の長距離バスは、すばらしい高速道路を南へ、南へとひた走る。

バスの窓からの眺めは、小高い山の緑と地方の村や町だ。いつだったか「韓国の山にはハゲ山が多い」という話を聞いたことがあるが、いま眼前の山々に繁る樹木の濃度のこさはどうだろう。見渡すかぎり、「ハゲ山」などどこにもない。

途中、トイレ休憩が一度あった。韓国人の乗客は誰もおりない。わたし一人がおりて、小屋のような雑貨店をひやかしているうちに、もう少しでバスがいってしまうところだった。韓国のバスの「トイレ休憩」は要注意だ。

なんとか無事に安東の中心街にあるバスターミナルに到着。時計を見ると、ソウルをたってからほぼ三時間だった。

安東は人口二〇万弱のこぢんまりとした町だった。小ぎれいな店が並ぶ繁華街を、土地のアジュンマ（おばさん）に片言の韓国語で道を聞き聞き一〇分ほど歩いて、めざす宿を見つけた。

カルフォルニア・ホテル。韓国の古い町だというのに、ドハデな名前がついている。おそるおそる足を踏み入れると、三〇代半ばの若夫婦が笑顔で迎えてくれた。英語を話す亭主によると、家族経営でやっているという。案内された部屋は、韓国人の〝空間感〟を満足させるように、広々としている。おおよそ一五畳はあろうか。テレビとコンピューターのほかに、韓国の食堂によくある熱湯・冷水給水器（熱湯と冷水がいつでも出る二つの蛇口がついている）が設置されていて、すこぶる便利だ。これで一泊六万ウォン（約六〇〇〇円）ポッキリだというのだから、ソウルの高いホテル代がまるでウソのようである。

旅装をとき、あつい緑茶《ノクチャ》をゆっくり飲んでひと息いれてから、街歩きに出た。自分が泊まる宿を中心に、半径一キロぐらいの地域を歩き回る。一〜二時間ブラブラしているうちに、その街の雰囲気が少しずつわかってくるのが楽しい。

途中、おもしろい光景に出くわした。モダンな商店街の一角に、起亜《キア》（韓国の自動車メーカー）の中型トラックが止まっていて、収穫したばかりの白い大根を荷台に積み上げてある。顔が黒く日焼けした、いかにも農民らしいアジョシ（おじさん）が、荷台に立って近所の主婦に一本売りしている。みずみずしいその大根は、細長くなくて、先が丸くずんぐりしている。

安東特産品の安東大根。おいしいキムチ漬けの材料としても有名。トラックに乗せて、郊外から街中まで売りにやって来る

そうそう、大根は昔から安東地方の特産物だった。洛東江《ナクドンガン》の河畔の豊山《ブンサン》というところにけっこう広い平野があり、そこでとれる安東大根は、キムチ漬けの材料としてずっと重宝されてきたという。

つぎの日の朝、ホテルの小さなフロントでおやじと世間話をした。そのなかで、どこかおもしろいところはないか、という話になったとき、「ハフェマウル」という単語が出た。なんでもおやじによれば、そこはすでに世界遺産に登録されていて、イギリスのエリザベス女王も来て見物したという。彼が何度も「クイーン、クイーン」というので、彼女を描いた映画『クィーン』をなつかしく思い出し、なにか異国で旧友のうわさ話をきいたような気持ちになった。

「ハフェマウル」。どうにも日本人には言いにくく、へんてこな発音なので、漢字で書いてもらうと、「河回村」だった。〈ハハーン、「河」を「ハ」と発音するんだナ〉と考えているうちに、脳裏であることがひらめいた。

それは他でもない、ベトナムの首都ハノイが漢字では「河内《ハノイ》」と書くことである。ベトナムは韓国と同じように、中国文化の影響を長く深く受け、韓国語と同様に、ボキャブラリーの六〜七割が中国の漢語から成っている、といわれる。

わたしは大学の教室で「漢字圏」について教えるとき、いつもまず黒板に「注意」と大書する。そして、中国人、韓国人、ベトナム人の学生に、それぞれの国の発音で読んでもらう。中国人が「チューイ」、韓国人が「チューイ」、そしてベトナム人が「チューイ」。むろん、日本語も「チューイ」で、それが「気をつける」という意味をもつのも四ヵ国共通であることを、みんなでいっしょに確認する。

✚✚✚✚✚

中国大陸をはさんで右と左に位置する韓国とベトナムは、文字通り〝瓜二つ〟といえるほどによく似た歴史を歩んできた。作家の司馬遼太郎さんも、次のように述べている。

「朝鮮半島においては、半島を統一した新羅が中国式国家をつくることによって、唐に対して無害の存在であることを示し、平和を保った。この時期に朝鮮人の姓名がいっせいに中国式になるのであり、つまりは姓名まで中国式に変えるほどに中国化した。

ベトナムは多少じぐざぐする。しかし唐がほろんで宋になると、李王朝が興り、新羅同様、完全な中国式国家をとることによって宋帝国に対して無害のすがたを示した。姓名が中国風になったのも、新羅における事情と似ている。

韓国とベトナムはそれほどまでに似ているのである」(『人間の集団について』より)。

◆◆◆◆◆

たしかに、韓国人の名前は「イ・ミョンパク(李明博)」とか「キム・デジュン(金大中)」とかいったように、漢字で姓は一文字、名は二文字、と中国式であり、またベトナム人の名前も「ホー・チミン(胡志明)」、「ボー・グエンザップ(武元甲)」の如く、中国人と同じスタイルになっている。

それから、韓国とベトナムは中国風の整然とした官僚制度をつくり上げたことでも、共通している。このシステムは、国内の人民を統治することには絶大な威力を発揮したが、反面、政治家や官僚・役人の度《ど》し難《がた》い汚職体質が蔓延した。本家の中国では「清官三代」といわれ、賄賂《わいろ》などの汚いカネをこばんだ身ぎれいな官史でも、自分と子と孫が裕福に暮らせるだけの財産を在職中に積み上げることができた。〝汚官〟であれば、もう五代でも六代でも安泰そのものだったわけだ。ベトナムの王朝でも、宮廷内の地位と権限をもつ官僚へのつけ届けは日常茶飯事のことだった。このあしき伝統は、今にいたるもしぶとく生き残っており、ベトナムの役人の汚職のひどさは世界的に有名である。

同じように、李氏朝鮮時代の韓国も、官史が上から下まで賄賂漬けになっていた。一八七四年にパリで出版されたクロード・シャルル・ダレ著『朝鮮事情』という本の中に、当時の朝鮮で殉教したフランス人神父がパリの教会本部に送ったつぎのような手紙がある。

「朝鮮の大官たちの心は、金を集めて自分たちの目をたのしませるときだけ、喜びます。このことを心得ている門客（高官の家に自由に出入りできる客人）は、訴訟中のあらゆる人々、あらゆる罪人、あらゆる下級職の野心家を探しあて、彼らの仲介役を買って出て、多額の金を用意させる。その金さえ払えば、彼の助けによって田舎者でも大博士となれ、両班《ヤンバン》になれ、また罪人も無罪となり、泥棒が司法官にさえなれます。一言でいって、門客と金さえあれば、取り除くことのできない障害もなく、洗い落とせない汚れもなく、無罪を証明できない罪もなく、首尾よく偽って立派に仕立てあげられない恥辱もありえません」。

わたしも韓国の映画を観ていて、小学校の先生に親が現金入りの封筒をわたす場面にビックリ仰天したことがある。母親が春と秋の二回、子供のクラス担任に「寸志《チョンジ》」を包む習慣があった。かつては「小学校の先生を三年やれば、家が建つ」といわれたそうだ。

また、韓国の大統領がやめると、必ずといってよいほど彼自身や親族をめぐる贈収賄容疑で、逮捕者が何人も出る。第一六代大統領の盧武鉉《ノムヒョン》氏が二〇〇九年、警察による汚職捜査の渦中で自殺したのが記憶に新しいが、韓国初の女性大統領・朴槿恵《パククネ》氏も例外ではなかった。彼女は二〇一七年、弾劾訴追から罷免されたあと、免税店事業の認可をめぐり、韓国ロッテグループから七〇億ウォン（約七億円）の賄賂を受け取った容疑などで警察に逮捕された。韓国の大統領経験者としては、一九九五年の盧泰愚《ノテウ》氏と全斗煥《チョンドゥファン》氏以来、三人目の逮捕者となる。

以上のように、韓国とベトナムは中国風の同じような国家体制の歴史をもち、根強い賄賂文化まで共通して保持している。

ともに中国人と同じスタイルの名前を名のり、お茶をたしなみ、箸でご飯をたべる韓国人とベトナム人。近年、花嫁減少に悩む韓国の農村家庭に、若くて魅力的なベトナム人女性が数多く嫁入りしているのも、むべなるかなというべきであろう。

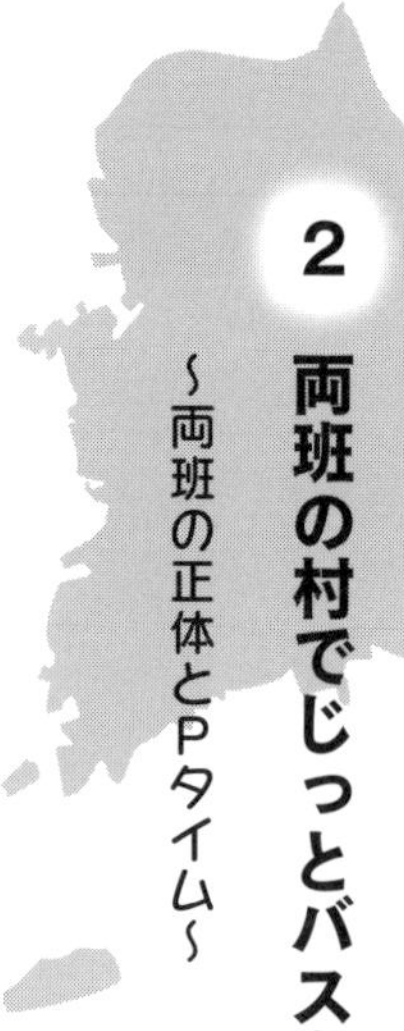

2 両班の村でじっとバスを待つ
～両班の正体とPタイム～

河回村《ハフェマウル》は、「韓国の中の韓国」といわれ、李氏朝鮮時代（一三九二～一九一〇年）の両班《ヤンパン》の屋敷がそのままゴソッと残っているという。

この村を訪れるべく、わたしはバスターミナルの前の通りから市内《シネ》バスに乗った。中年の男性運転手に「ハフェマウル！」と叫ぶと、「チョンベーゴン」（一一〇〇ウォン）という答えがかえってきた。

「一一〇〇ウォン」というのは日本円でおよそ一一〇円なので、〈一〇分から一五分でつくのだろう〉と思っていたら、とんでもなかった。乗って三〇分をすぎても、バスは田畑が見渡すかぎりつづく田園地帯をビュンビュンとばし、まったく止まる気配がない。

韓国名物といわれる〝暴走バス〟はさらに疾走し、小さな町をいくつも通りぬけ、走りに走ってついにハフェマウルに到達した。所要時間、なんと五〇分！　これで「一一〇円」だというのだから、バス会社の倒産を心配しないわけにはいかない。

河回村《ハフェ》は、世界遺産に登録されていることもあってか、バス停や食堂、おみやげ屋などの観光施設は、村からおよそ五〇〇メートルほど離れたところにつくられていた。

英語を話す係員がいる案内所では、大きなリュックサックをもった欧米人の若い女性ふたりが、さかんに何か話し込んでいる。おそらく、河回村で泊まる民家をさがしているのだろう。ここには民宿もあるのだ。

わたしは朝食をまだとっていないことを思い出し、近くの食堂に足を運んだ。ところが、三、四軒たずねても、「食事《シクサ》」はランチからだという。いささかあせって、残る食堂をシラミつぶしにあたったところ、いちばん奥にあった店でようやく「チョアヨ！（いいですヨ）」の返事をえた。

他にお客がいないガランとした店内で、中央のテーブルに席をとる。「ビビンパ（韓国風まぜごはん）、チュセヨ！（ください）」と注文して、店の隅を見やると、この家のハルモニ（おばあさん）がひとり花札で占いをやっていた。日本ならトランプで、というところだろうが、韓国人はことのほか花札が好きらしい。

じつはこの花札、李氏朝鮮時代に唐辛子、たばこ、さつまいもなどと共に、日本から韓国に入った。以来、韓国人は花札のゲームを自家薬籠中《じかやくろうちゅう》のものにして、お正月やお通夜のときはもちろん、人が集まるおりにはみんなで気軽に楽しんでいるという。

韓国人女性と国際結婚した篠原令さんのすぐれた手記『妻をめとらば韓国人!?』のなかにも、「仕事が早くに終わったときなどに早めに帰宅してみると、女三人座布団を囲んで花札の「ゴー・

韓国で川といえば洛東江（ナクトンガン）。悠然と流れる水流は、朝鮮悠久の歴史を思いおこさせる

ストップ」をしている場面にもよく出くわします。「ゴー・ストップ」とは日本の「コイコイ」のことですが、我が家は別に博打《ばくち》うちの家系ではありません。これは韓国ではごく普通の光景です。男でも女でも数人集まると、すぐ花札が始まります。ですから、家内は家内なりに子供たちに社会生活で必要な知識と技術を教えているのです」といった話が出てくる。

さて、朝食のあと、いよいよ河回村をめざす。食堂がある観光ゾーンと村の入口をむすぶシャトルバスが走っているが、わたしはあえてバスに乗らず、遊歩道を歩いていくことにした。

この遊歩道は、松などの樹木がおいしげった山のなかをへめぐっており、気分上々でゆっくり散策することができる。しばらくいくと、右側に大きな川が現れた。これが有名な洛東江《ナクトンガン》で、その悠然と流れる水流は大きく蛇行して、S字状をなしている。そして、その湾曲した川が、村をぐるりと囲むように流れていた。

なるほど、「河」が「回って」いる土地にできた村なので、「河回村」というわけだ。洛東江の向こう岸を見やると、岩山の絶壁が屏風のようにそそり立って、みごとな景色である。

河回村は思ったより小さくこじんまりとした村で、徒歩でじゅうぶん見物できた。李氏朝鮮時代のりっぱな両班屋敷がかたまって百戸以上残っており、今も子孫が家を守って暮らしている。

失礼のないように庭のすみに立って、土の香りがする土壁と瓦屋根の伝統家屋をながめていると、数百年前にタイムスリップしたかのような思いにとらわれる。

✚ ✚ ✚ ✚ ✚ ✚

両班というのは、遠く高麗朝（九三五～一三九一年）から近世の李朝時代まで、およそ千年のあいだ韓国社会を支配した世襲の特権階級だ。

各地の農村にあって、両班は地主として小作人の農民から地代をとり立て、いい屋敷に住んで、比較的豊かな暮らしをしていた。

両班たちは、その経済的かつ時間的余裕のなかで、宮廷が実施する官吏登用試験（科挙）に合格するため、日々けんめいに勉学にはげんだ。この科挙の試験には、文班と武班があり、文武ふたつがあることから「両班」とよばれたわけだ。ちなみに、「班」は席次あるいは地位を意味している。

韓国では昔から〝重文軽武〟の伝統があり、ずっと文班のほうが優位だった。武班の科挙は農民や漁民などの庶民も受験できたが、文班の方は士族、つまり上層の両班階級に属する人しか受けられなかった。もちろん、合格したあかつきに宮廷の高官になれるのは文班のみで、韓国の支配階級たる両班というのは実質的に文班だったことになる。

両班の家に生まれた男児にとって、一にも二にも科挙に合格することが至上命令だった。とにかく、これに合格すれば立身出世の道がひらけ、一門の隆盛が約束された。逆に、五代、六代にわたって科挙に合格できない両班は、「中人《チュウイン》」階級に格下げとなった。

科挙の試験科目は、中国の古典である「大学」「中庸」「論語」「孟子」の四書と、「易教」「書経」「詩経」「礼記」「春秋」の五経、そして中国の詩や散文である「詩章」から成っていた。そこで、両班の子弟たちは儒教の各経典を何度も読み、中国の詩文を暗記することに集中した。

韓国語の「両班」には、「品位があり、かつ善良な人」という意味もあり、四書五経に真面目にとりくむ勉強家が多かったのだろうが、一方で勉強ぎらいで庶民に威張りちらすワル両班もけっこういたようだ。

とりわけ社会全体が行きづまり、宮廷の官僚たちが腐敗した李氏朝鮮時代には、両班の横暴が目に余るものになった。

◆◆◆◆◆

李朝末期（一九世紀後半）の韓国社会についての報告として有名なものに、前述のダレによる『朝鮮事情』がある。これは、ローマ法王によって朝鮮に派遣され、布教活動を二〇年行なったダブリュイ主教が集めた資料をもとに編纂された。

この本は当時の両班について、つぎのように述べている。「朝鮮の両班は、いたるところで、まるで支配者か暴君のごとくふるまっている。大両班は、金がなくなると、使者をおくって商人や農民を捕えさせる。その者が手際よく金を出せば釈放されるが、出さない場合は、両班の家に連行されて投獄され、食物も与えられず、両班が要求する額を支払うまでムチ打たれる。両班のなかでもっとも正直な人たちも、一応借用の形で自分の窃盗行為をごまかそうとするが、それをまにうける者はいない。なぜなら、両班たちが借用したものを返済したためしが、いまだかつてなかったからである。彼らが農民から田畑や家を買うときは、ほとんどの場合、支払いなしで済ませてしまう。しかも、この強盗行為を阻止できる守令（知事）は、ひとりもいない」。

両班は、下層の「常人《サンイン》」階級や「奴婢《ノビ》」階級からずいぶんと恐れられていたようだ。韓国の民話のなかには、両班に対して無礼をはたらいたということで、両目をくりぬかれてしまった話など、支配領域の一般庶民に対して私的な生殺与奪《せいさつよだつ》権を行使した両班を語ったものが少なくないという。

河回村に残る両班の家。儒教の「男女有別」の教えに則り、邸内は「男の居場所」と「女の居場所」にわかれていた

李朝末期に起きた大規模な農民反乱である東学党の乱（一八九四年）において、農民たちが宮廷につきつけた要求のなかに、「不良儒者の両班を処罰すること」があったのも、うなずける。

◗ ◗ ◗ ◗ ◗ ◗

さて、河回村の見物を十分に堪能してから、帰りはシャトルバスをつかって観光ゾーンまでもどった。そして、安東《アンドン》へ帰るべく、あの超割安の市内バスを待ったのだが、これが思ってもみない〝大仕事〟になった。

朝来たときは、バス停に立ってほどなく河回村行きの二八番のバスをつかまえることができた。それで、帰路も五分か一〇分待てばバスが来るだろう、と考えたのはあまかった。一五分、二〇分と待っても、バスが来る気配はまったくない。

とにかく、つぎのバスが何時に来るかチェックしようと、バス停のところをあちこちくまなく見ても、到着時刻表がどこにもついていないのだ。時間はすでに夕方五時をすぎ、観光案内所はしまっている。

それで、〝最後のたのみ〟とばかり、交通整理をしている警備員のアジョシ（おじさん）に、「バスはいつ来ますか?」と韓国語で何回もきくのだが、アジョシはきかれるたびに「あと五分ぐらい……」というばかりで、まことに要領をえない。バスが何時に来るか、ということなど、彼にとってほとんど関心なし、といった感じなのである。

三〇分、四〇分とイライラして待つなかで、わたしは「Mタイム」と「Pタイム」の話を、ある切実感をもって思い出した。

✚✚✚✚✚✚

前出（一一頁）の文化人類学者エドワード・ホールは『沈黙のことば』の中で世界各地に生きる人々の時間感覚を比較研究して、世界には大きくわけてふたつの時間の取り扱いかたがあるとしている。

ひとつは「Mタイム（Monochromic Time　単一的時間）」であり、もうひとつは「Pタイム（Polychromic Time 多元的時間）」だ。

Mタイムの時間感覚というのは、時間を「一筋の川の流れ」あるいは「過去から未来へつづく細く長い道」のような直線的な流れとしてイメージしている。毎日朝起きてから、まずAの事柄を行ない、つぎはBの事柄、それが終わったらCの事柄といったように、物事をひとつひとつ順番にかたづけていくような時間のつかいかたをする。当然のことながら、自分が一度立てたスケジュールを重視するのが、Mタイムを生きる人の特性である。

Mタイムにあっては、約束の時間、なにかの締め切り、物品の納期、行事の日程などのスケジュールが重要とされ、ある場合にはそれらが〝神聖なもの〟として厳守される。

これに対して、Pタイムを生きる人の時間のイメージでは、「水をためたプール」のようなもので、時間が流れていってしまったり、無駄にすすんでしまうことはないので、日々を「ゆったりと過ごす」感覚をもつ。

Pタイムにあっては、約束の時間や締め切りの刻限はあくまで努力目標にすぎず、こうしたものにはあまり縛られない。そして、時間は人間関係という枠組みのなかで考慮されるべきものとする。

たとえば、あなたが週末に職場の同僚と駅で正午に待ち合わせたとしよう。バスの時間を計算して、一一時に家を出たところ、バス停でもう一〇年以上も会っていなかった小学校時代の友達とバッタリ会った。その友達は再会をとてもよろこんで、小学校卒業後のよもやま話を、つぎからつぎへと話しつづけた。

こうした場合、Mタイムで生きている人は、職場の同僚と会う約束（スケジュール）を優先して、小学校時代の友人には「また今度ね……」とかいいわけをしてバスに乗りこむのだろう。しかし、Pタイムの文化では、一〇年ぶりに会った友達との人間関係を重視して、駅で待つ同僚との約束をすっぽかしてもさほど問題ではない、と考える。あらかじめ立てた計画やスケジュールよりも、その時その時を大切にする時間の処し方をする。

時刻・時間で決められたスケジュールや計画をきちんと行なうことを重視するMタイムの文化に対し、Pタイムの文化は状況をつねに流動的にとらえ、どんなプランや予定も固定的に考えない、というわけである。

◆◆◆◆◆

いつだったか、わたしが教えている大学で、「日韓・観光シンポジウム」が開催された。日本側の教職員は、シンポジウムの数ヵ月前から準備をはじめ、韓国側に対して出席者の名簿と発言者の氏名、そしてその発表内容とタイトルを知らせるように要請した。

日本側としては、シンポジウムを円滑にすすめるために、その日の具体的なスケジュールを早く決定したかったわけだ。

ところが、韓国側からの情報はなかなか届かず、ようやく来たと思って安堵したのもつかの間、シンポジウムまで一週間をきったところで、出席者や発表者の変更通知が毎日のようによせられた。

すでに細かいところまでシンポジウムの進行スケジュールをつくっていた日本側は、こうした考えられない事態に直面して、「韓国人はなんていい加減なんだ!」と怒った。

しかし、エドワード・ホールがいうように、いったん決めたスケジュールはテコでも動かそうとしないMタイム人間とちがって、Pタイムで生きる人々の時間感覚では、どんなプランやスケジュールも土壇場でひっくりかえる可能性がつねにあるのだ。

そういえば、わたしが教えている韓国人学生たちによると、韓国には「コリアンタイム」ということばがあって、約束の時間をきちっと守る韓国人はあまり多くないという。

さらに、バス停に到着時刻表がついていないことを見ても、韓国人が正真正銘の「Pタイム人間」であることはまちがいない。

いつまでたっても来ない安東《アンドン》行きのバスをじっと待ちながら、わたしは〈そうか、韓国人はPタイムで生きているんだナ。ここは、どっしりとかまえて、イライラするのはやめよう〉と思い直したのであった。

(注:エドワード・ホールの研究によれば、Mタイムで社会が動いているのはアメリカ、ドイツ、北欧の国々など。一方、南欧や中近東、アジア諸国はいずれもPタイムで人々が生きている。日本はもともとPタイムだったのが、現在は「身内ではPタイム」、「対外的にはMタイム」とつかいわけているという。)

3 韓国儒教のメッカ・陶山書院へ

～韓国女性の激情と儒教の衰退～

李氏朝鮮時代（一三九二～一九一〇年）のおよそ五〇〇年のあいだ、韓国では儒教が国教（国家公認の教え）とされ、その影響力は二一世紀の今日でも韓国社会のすみずみまでしみわたっている、といわれる。

その韓国儒教における最高の儒学者で、一〇〇〇ウォン札の肖像にもなっている李《イ》退《テ》渓《ゲ》先生（一五〇一～一五七〇年）が起こした陶《ト》山《サン》書《ソ》院《ウォン》を、いよいよ訪れる日がきた。

ホテルを出て、バスターミナルまで歩き、陶山書院行きのバス（六七番）を待ったが、案の定なかなかこない。しびれをきらして、バス会社の事務所に足を運んできくと、「一〇時五〇分発」だという。

それで、近くのコンビニでお茶やお菓子を買い、一〇時四五分にふたたびバスの発着所にもどったところ、六七番のバスはすでにきていて、若い男女がどんどん乗りこんでいた。釣り竿を持った青年グループのほか、キャンプ用具をいれたダンボール箱をかかえた大学生のグループや家族連れもけっこういて、バスはすぐに満席となった。

そういえば、今日は土曜日で、ＯＥＣＤ（経済協力開発機構）のメンバーたる韓国もレジャー時代となり、週末を楽しむリゾート施設が途中にあるのかもしれない。

ところが、このわたしの推測はみごとにはずれた。安東《アンドン》の中心市街を出て、四〇分ぐらい郊外をひた走り、山の中に入ってしばらくしたところで、バスは突然止まった。

〈あれッ、どうしたんだろう……〉といぶかしく思っていると、中年男性の運転手がこちらをふりむいて、わたしに「ヨギソ、ネリセヨ！（ここでおりなさい）」と叫んだ。

〈エッ……〉とおどろき、おぼえたての韓国語で、「コロガルス、イッソヨ？（歩いて陶山書院へ行けますか）」と大きな声でたずねると、バスの乗客から「ネー（はい）、ネー、オーケー、オーケー」との大合唱が湧きおこった。

〈陶山書院行きのバスのはずなのに……〉と思っても、もうあとのまつり。仕方がないので、わたしはバスをおりて、運転手が指し示した方向にひとり歩きはじめた。

すこしいくと、バス道から左折する道があり、「陶山書院 2km」という表示板が見えた。〈よし、やった！〉と歓喜して、道を左へ曲がったら、なんとそこにちょっとした駐車場と公衆トイレ（化粧室《ファジャンシル》）があった。

そのトイレに入って、まだビックリ。山中のトイレだというのに、最新式の自動水洗便器が設置されていて、手ふきのペーパータオルまでついていた。あとでわかったことだが、韓国政府はここ一〇年ほど、観光事業に力をいれていて、「トイレをきれいに!」というキャンペーンも実施しているらしい。

木梢《こづえ》をとびはねるかわいいリスといっしょに山道をすすむと、右手のずっと下方に洛東江《ナクトンガン》がゆったりと流れているのが見えた。山の樹木はうっそうとしていて、森林浴をじゅうぶん楽しめる。三〇分ほど歩いて、ようやく陶山書院の入口にたどりついた。

そこで入場料をはらい、境内への遊歩道をいくと、途中に見はらしのいい展望台があった。そこからは、眼下に流れる洛東江を一望のもとに眺められる。そこかしこに生える松の緑のあざやかさが目にしみる。

一キロほど先の中洲には、小高い基壇の上にりっぱな「庁《ティン》」(あずまや)の「試士壇」が立っており、李朝時代にはそこで国王みずから科挙の最終試験を行なったこともあるという。

いよいよ陶山書院の境内に入る。「書院《ソウォン》」というのは、地方の有力氏族が中心となってつくった私的な教育機関で、科挙の合格による官吏としての出世や、儒学者の養成をめざすものだった。さすがに李退渓先生ゆかりの書院とあって、観光客が多い。境内は平地ではなく、山の斜面にそって先生の研究室や講義所、弟子たちが勉強し居住した寄宿舎、書庫、出版所、先生の位牌(神位)をまつる祠堂《しどう》などが、いずれも堂々とした威風をもって立っている。

わたしはいちばん上の高台に立つ典教堂にのぼり、そのあがり框《がまち》にドッカとすわって、書院の全景を眺めながら、儒教について想いをめぐらした。

儒教というのはいうまでもなく、今からおよそ二五〇〇年ぐらい前に中国で生まれた宗教である。

「儒」という漢字を分解してみると、「人」が「雨」を「而《もと》」める、となることからわかるように、儒教のもともとの原初は雨乞いを行なうシャーマン（神や死んだ人の霊魂とこの世の人間とをつなぐ祈祷師）の集団だった。

雨乞いから出発した彼らは、しだいに死んだ祖父母、あるいは父親や母親の霊魂（祖先の霊＝祖霊）を、あの世から地上に招き降ろす祭祀《さいし》の専門家になり、葬式の儀礼をとりおこなうことを主要な仕事とするようになっていった。ここから、「祖先崇拝」という儒教の基本原理が生まれてくる。

葬式を専業とすることになった儒家の人々は、死者が出た村から村へと旅をする身となった。そして、その東奔西走する旅から旅へのなかで、中国各地のいろいろな習慣や習俗についての情報・知識をたくわえていき、人生のさまざまな問題に頭をかかえ悩んでいる民衆に、アドバイスをするようにもなった。「処世の指南（教示）」としての儒教の特色が、ここから派生したわけだ。

そして、こうした儒家のカオス（混沌）に満ちたいろいろな要素やあり方を、深い学識にもとづいてそれぞれ意味づけ、集大成したのが、他ならぬ孔子（西暦前五五二～四七九年）だった。

孔子は、中国各地の有力諸侯が覇権を争っていた春秋時代（今から二五〇〇年前ごろ）に、魯《ろ》と

1000ウォン札の肖像・李退渓が興した陶山書院（トサンソウォン）

いう小国で生まれた。父はふつうの農民だったが、孔子がおさないころになくなった。母は後妻だったらしく、孔子は異母兄や異母姉といっしょに農村で暮らした。その母も彼が十代後半のころなくなって、不幸な生い立ちといえる。年少のころ父親を失った点は、李退渓《イテゲ》先生も同じだった。

孔子みずからは七十数歳という、当時としてはまれな長寿に恵まれたが、存命中に子の伯魚《はくぎょ》を失い、手塩にかけた愛弟子の子路《しろ》や顔淵《がんえん》の死にも立ち会わなければならなかった。

おそらく、孔子は頑健な身体の持主だったのであろう。若い時代に王城の洛陽へ留学にいっているし、その後も中国各地を歩きまわり行脚しつづけた。

そして、こうした豊かな人生経験と息のながい学問的研究に基づいて、孔子は晩年に儒教の教えを弟子たちに語りながら、思想として体系化した。その言行録が『論語』である。

「子曰く、学んで思わざれば罔《くら》し。思って学ばざれば殆《あや》うし」（子曰く、教わるばかりで自ら思索しなければ独創がない。自分で考案するだけで、教えを仰ぐことをしなければ大きな陥《おと》し穴にはまる）。

「子曰く、これを知る者はこれを好む者に如《し》かず。これを好む者は、これを楽しむ者に如かず」

（子曰く、理性で知ることは、感情で好むことの深さに及ばない。感情で好むことは、全身を打ちこんで楽しむことの深さに及ばない）（いずれも『論語の新しい読み方』より）。

これらは、『論語』のなかの有名な言葉であるが、こうした人生の叡智ともいえる内容がつまった『論語』は、東洋の古典として世界中で今日まで読みつがれ、現代日本においては『人生は論語に窮《きわ》まる』（谷沢栄一・渡部昇一著）という解説書まで出ている。

これは、人生哲学としての儒教の一面であるが、孔子の死後、儒教は大きな変貌をとげることになった。

それは、秦の始皇帝が中国各地の諸王国をとりつぶして全国統一をはかり、前漢の武帝時代（西暦前二世紀ころ）に統一国家がほぼ完成するにつれて、国を支配するイデオロギーとして儒教が台頭したからである。

王権や中央集権的な政治体制を支え、社会秩序を維持するための思想として、儒教が再構成された。孔子の時代の前から儒家が口をすっぱくしていってきた親への「孝」と共に、皇帝や目上の者に対する「忠」も強調されるようになったわけだ。

✚✚✚✚✚✚

今日、儒教のマイナス面として、多くの人がその「男尊女卑」の考え方をあげる。男系重視の思想はほんとうに徹底していて、たとえば現代韓国人でも火事のさいに何はともあれ持ち出すという「族譜《チョクボ》」（先祖代々の家系図）には、女の子供の名前はひとりとして記載されていない。

だから、五万ウォン札の肖像として採用された申師任堂《シンシ ニンドウ》の母親が、何という名前であったかわからない。とにかく、李朝末期の混乱期に権勢をふるい、日本人によって虐殺された閔《ミン》妃ですら、どんなに調べてもその幼少期の名前が明らかにならないのである。

また、衛生・保健や医療が発達していなかった時代、結婚したばかりの夫が結核などの病気で死亡することはよくあった。そうした場合、若くして夫を失った女性は、儒教の教え（「貞婦《ていふ》は二夫にまみえず」）によって死ぬまで再婚できなかった。これは女性にとって、いくら怨んでみても怨みきれないほどの悪習だった。

昨年（二〇一七年）亡くなった韓国人の学者・姜在彦《カンジェオン》氏も、李朝時代の女性について「両家の間に婚約をしただけでも、結婚前に男が死ねば、女は一生のあいだその夫のために「守節」しなければならない。再婚すれば家族や一族のものが、家門をけがすからといって制止する。「烈女不更二夫」のことである。私はもちろん、儒教を全面的に否定するつもりはないが、このようになると儒教が説く人倫というのは、女性にとって殺人的だとしかいいようがない」と述べていた（『ソウル──世界の都市の物語』より）。

◆◆◆◆◆

韓国を旅していると、ときに韓国女性の激情にあって、おどろかされることがある。感情の爆発といおうか、ヒステリーといおうか、最初は〈韓国の女性というのは、場所がらをわきまえずに感情をあらわにするのだナー〉と、半《なか》ばあきれ半ばこわく思ったものだ。

また、韓国でテレビのニュースを見ていたとき、信じられない場面を目撃したこともある。それは、何か大きな事故にまきこまれて子供を失った母親が、政府が贈ったおくやみの花輪をテレビカメラの前でメチャクチャにしたことだ。

こうした場合、日本人の母親なら、悲しみと当局への怒りをグッと胸のうちに押さえこんで、唇をかみしめ、ジッと沈黙を守ることだろう。ここで取り乱すことは、世間に恥をさらすことになる、と考えるわけだ。

その後の観察で、こうした韓国人の「場所がらをわきまえない感情の爆発」が、男性にはほとんど見られず、もっぱら女性に起こることがわかってきた。

では、なぜ韓国の女性はよく人前で感情を爆発させ、またそれに対して韓国の世間は目くじらを立てずに、容認の態度をとるのだろうか。

◗◗◗◗◗◗

この問題をとくカギは、やはり儒教にあるように思われる。前述したように、韓国は李朝五〇〇年の歴史で、儒教を原理とする社会をつくりあげた。そのなかにあって、女性は徹底的にないがしろにされ、抑圧されつづけた。

しかし、抑圧がつよければつよいほど、それに対する反発もつよくなるのが、人間社会の常である。韓国女性の鬱積した不満や怒りが、何かのきっかけで暴発すれば、それが王権や支配体制の危機につながる可能性も出てくる。

それを未然に防ぎ、反乱の芽をつむ方法として、李朝の支配層が考え出したのが、韓国女性の不満のガス抜きをすることだったのだろう。それは他でもない、彼女たちがプライベートの場面で、ときおり感情を爆発させるのを、社会的に容認することだ。それが政治や社会体制への批判につながらない限り、女性の個人的なヒステリーを、周囲の親類縁者や世間は大目に見たわけである。

これは、男尊女卑の儒教社会を存続させるための、巧智に長《た》けたなかなかの高等戦術であった。

✚ ✚ ✚ ✚ ✚ ✚

では、二一世紀に入った今日の韓国女性をめぐる状況は、どうなっているのだろうか。わたしの見るところ、韓国の女性、とりわけ若い世代の女性たちはこうした古い儒教による抑圧・支配に、真っ向から反逆しはじめているようである。

早い話が、韓国の出生率を見ればよい。ひとりの女性が生涯に産む子供の数の平均たる「合計特殊出生率」において、韓国は一九七〇年におよそ「四・五」と高率だったが、一九八五年には「二・〇」を割りこみ、さらにどんどん低下して、二〇〇八年が「一・一九」、そして二〇〇九年が「一・一五」と、OECD加盟国のなかで最低となった。

出生率「一・一五」！　この数字は、かなりの数の家庭で子供がいないことを示している。後継ぎの子供が生まれなければ、「族譜」もへったくれもない。子供が女の子ひとりの家庭では、男系優先の家系はつながらない。

古い韓国人が命より大事にしてきた「族譜」が、博物館に行かなければ見られない時代がすぐそこまで来ているのだ。

韓国人を何百年にもわたって支配してきた儒教も、ここ数十年来の韓国経済の大発展のなかで進んだ、社会の根こそぎの近代化と、高等教育の普及による女性の社会進出と意識の変化とによって、いよいよ土俵際においつめられる時がきているように思われる。

第3章

「湖南の穀倉地帯」全州《チョンジュ》への旅

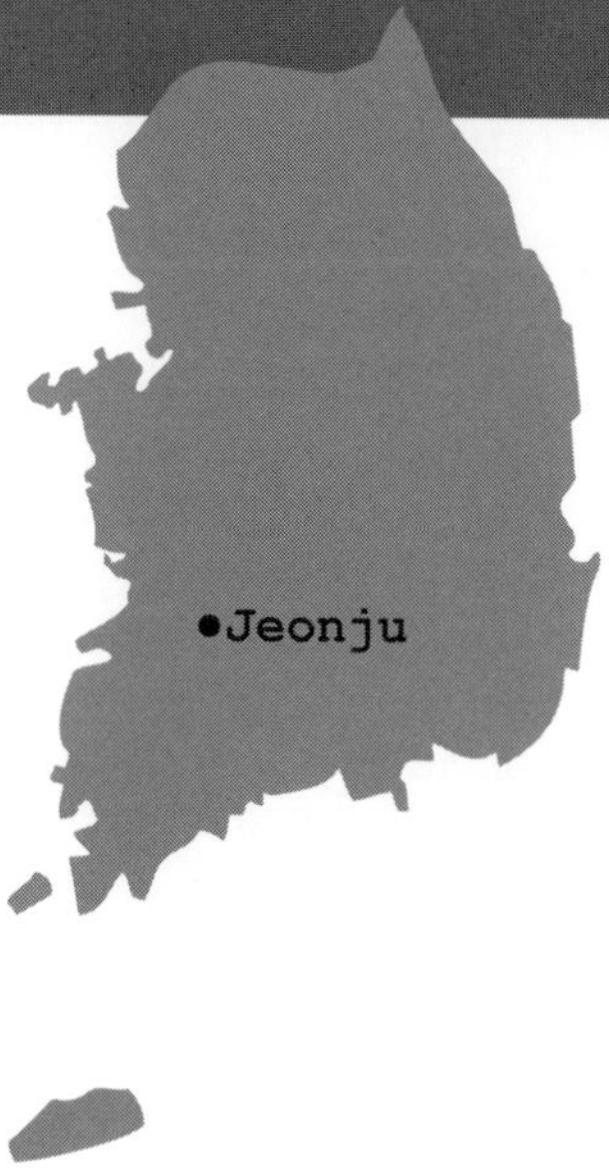

1 ＫＲ韓国鉄道の意外なおおらかさ
～韓国人エリート青年の全州暮らし～

韓国の「空の玄関」といえば、やはり仁川《インチョン》の国際空港だろう。

ここの通関手続きをごくかんたんにすませて、扉の外へ出たとき、心なしか小腹がすいているのに気がついた。それで、空港ビル内の小さな軽食ショップに足を運び、「サンドイッチ、チュセヨ！（ください）」と注文したら、そこのスリムな女子店員（二〇歳ぐらいか）がみごとなほどの無愛想だった。

「ああ、韓国に来たんだナー」と〝名物〟の無愛想をじっくり味わいながら、もう一度その若い女性の顔を見て、ハッとおどろいた。

なんと、わたしが大学で日本語を教えたことがある金《キム》ヨンへさんだったのだ。一瞬間《ま》をおき、「金さん、ひさしぶりですネ」と日本語でいおうとして、息をのんだ。よく見ると、彼女はわたしの教え子にとても似ていることは似ているのだが、別人であることがわかったのだ。

たしかに、韓国を旅行していると、こういうことがよくある。わたしが大学（ＡＰＵ立命館アジア太平洋大学）ではほぼ一五年のあいだに日本語を教えた留学生はだいたい九〇〇人ぐらい。そのなかで韓国人学生は多くて三〇〇人ほどだろう。

それなのに、ソウルの街などを歩いていて、教え子と見まちがえるほどによく似た人をけっこう見かける。これは、それだけ韓国人の顔のパターンがあまり多くない、ということだろう。

そして、このことは日本人といい対照をなしている。APUの日本人学生は日本各地から集まってきているのだが、彼ら彼女らの顔はじつにバラエティーにとんでいる。国際線を飛ぶ客室乗務員の方にきいたところでは、アジア人の乗客のなかから日本人の個人客を見つけるのは、意外にむずかしいのだという。

そういえば、顔のパターンの数に見合っているかのように、韓国人の名字の数もたいへん少ない。とにかく、ソウル駅で人ごみに石を投げると、かならず金《キム》さんか、李《イー》さんか、朴《パク》さんに当たるというのだから、推して知るべしだ。

二〇〇六年の統計によると、韓国人で「金《キム》」を名のる人は全体の二〇％おり、「李《イー》」が一六％で二位。このあと「朴《パク》」、「崔《チェ》」、「鄭《チョン》」とつづき、これら五大姓で人口の六〇％までを占めるという。

ちなみに、六位以下は「姜《カン》」、「趙《チョ》」、「尹《ユン》」、「張《チャン》」、「韓《ハン》」となっており、上位二〇の名字だけで総人口の八〇％以上を占めているというからおどろきだ。

たった二〇の名字で全体の八割！　これも、名字の数がおよそ二〇万もあるといわれる日本人と、まったく事情を異にしている。

さて、今回の旅の目的地は、韓国の南西部に広がる全羅《チョルラ》道《ド》の古都・全州《チョンジュ》である。なぜ全州なのか。その答えはハッキリしている。全州はわたしの大好物「石焼きビビンパ」の発祥の地だ、と韓国人の学生からきいたからだ。

とにかく、わたしは日本にいるときでも、この石焼きビビンパを一週間に一度は食べないと体調がわるい。とくに冬など、あついスープをすすりながら、ホカホカのビビンパをかきまぜかきまぜ食べる至福というものは、何にもかえがたい。

なんでも聞くところによれば、全州のビビンパというのは、李氏朝鮮時代に平壌《ピョンヤン》の冷麺、開《ケ》城《ソン》の湯飯《クッパ》とならんで、国の三大料理にかぞえられていたという。

これはもう、なんとしてでも全州におもむき、本場の石焼きビビンパがいかなるものなのかを、自分の目で見、自分の口で食べ、味あわなければ、と思ったわけである。

前回、安東《アンドン》へは高速バスでいったので、今回は鉄道をつかうことにした。旅立ちの日、ソウルの宿でソウル駅からの出発時刻をしらべてもらったところ、意外な答えがかえってきた。

「全州はホナム線なので、ソウル駅ではなくて竜山《ヨンサン》駅から列車が出ます」というのだ。

ホナム？　どんな漢字を書くかたずねてみると、「湖南」とかいて全羅道のことをさすという。

〈エッ、韓国のどこにそんな湖があるのだろう……〉と、いろいろ調べてみたところ、錦江《クムガン》（川）がその〝湖〟らしい。

地下鉄三号線から中央線に乗りかえて、くだんの竜山駅までいった。竜山駅はけっこう大きな駅で、階段に新しいエスカレーターがついているのに目が止まった。韓国でも、高齢化がすすんでいるようだ。

切符売り場でたずねると、午前一〇時五八分発の「ムグンファ号」の場合、全州には午後二時二九分に到着するという。

ちなみに、ムグンファというのは「無窮花」と書き、日本でいう「むくげ」のことで、韓国の国花として国民に親しまれている花の名前である。

✚✚✚✚✚✚

さて、そのムグンファ号による汽車の旅は、秋晴れの好天もてつだい、快適そのものだった。竜山駅で買った韓国のお菓子をほおばりながら、車窓から田舎の田園風景を楽しむ。

水原《スウォン》、鳥致院《チュチュウォン》、西大田《ソテジョン》、論山《ノンサン》と列車はひた走り、景江《キョンガン》を通りすぎたころから、まわりの風景が変わってきた。たわわに実る稲の田んぼがどこまでもつづき、山影がまったく見えない。そう、全羅道に入ったのだ。

たしかに、全羅道は「朝鮮半島随一の穀倉地帯」といわれるだけあって、広々とした平野を米、麦、野菜の田園がうめつくしている、といった風がある。

わたしが乗っている全羅線と、西海岸の町・群山《クンサン》から東へ走る群山線が交わる益山《イクサン》駅に着いたとき、車内が急にざわめき、何人もの乗客がおりていった。益山はかつての「百済《くだら》文化圏」の中心地のひとつであり、後百済の都であった全州まで、もうひといきということになる。

◆◆◆◆◆◆

ムグンファ号は、定刻の一四時二九分に全州のプラットフォームにすべりこんだ。「K・RAIL（KR、韓国鉄道）」の運行は、日本と同じように時間厳守が徹底しているようだ。ただ、日本と趣を異にしているのが、乗客の切符チェックのしかたである。

日本では、長距離列車の場合、乗った駅の改札口でのチェックからはじまって、乗り込んだ車内で、また乗り換えるごとに車掌による検札があり、着いた駅の改札でさらにチェックされる。日本のJRは、日本人の乗客にどこまでも疑いの眼をむけ、不正乗車を憎んで、憎んで、憎みぬいている感じだ。

これに対して、今回のソウルの竜山駅から全州駅までKRに乗ったわけだが、出発の竜山駅でも、ムグンファ号の車内でも、そして到着した全州駅でも、切符のチェックはまったくなかった。韓国のKRは、自国民をどこまでも信頼し、まあすこしぐらい不正乗車があってもいいじゃないか、といったおおらかさが感じられる。

日本のJRも近年は指定席の検札をやめたそうだが、たぶん最終的な人件費の収支決算では韓国のKRのほうに軍配があがるように思えるが、これも両国の文化のちがいが底流にあるのだろう。

さて、ＫＲの全州駅は市の中心部からかなりはなれた所にある。それで、駅前でタクシーに乗り、今日の宿たる全州観光ホテルをめざした。

タクシーの運転手（韓国語では「運転《ウンジョン》技師《キサ》」という）は六十年配のアジョシ（おじさん）で、このタクシー料金が日本と比べていかに安いかを強調した。

「駅から中心市街まで七～八キロある」というのはほんとうらしく、広い表通りをホテルまでけっこう走ったが、料金はたしかに安かった。

全州は韓国南西部に広がる全羅道の古都。お土産屋さんには、韓国固有のお面や茶器など、古い伝統的な品が並んでいる

全州観光ホテルは「老舗のホテル」ということで、建物はさすがに古かったが、部屋のつくりは広々としている。テレビと冷蔵庫、それにインターネットにつながるコンピューターもあり、おいしい朝食もついていた。

昼食をとっていなかったので、ホテルから歩いて数分のところにある大衆食堂で「スッパ」（ひやしソバ）を食べた。いかにも地方都市の食堂といった感じで、のんびりとした空気がだだっ広い店内に流れている。

かなりおいしかったスッパのお代、五〇〇〇ウォン（約五〇〇円）を支払うと、それまで無愛想を絵にかいたような顔だった店のアジュンマ（おばさん）が、はじめてニコりとした。

やはり、「オルマエヨ？（いくらですか）」と声をかけて、お金をやりとりするだけでも、人と人とのコミュニケーションは生じるものなのだ。

✚✚✚✚✚✚

夜、ホテルのロビーでわかい韓国人の友人、T君と一年ぶりに再会した。T君とは、わたしがソウルの高麗《コリョ》大学で韓国語のコースに出たおりに、キャンパスで友達になった。

彼は高麗大の文学部で学び、日本の早稲田大学にも一年間交換留学していて、日本語、英語ともハイレベルの秀才なのだが、なかなか思うような就職口が見つからなかった。

韓国における大卒の就職難のひどさは日本とは比べものにならないほどのようで、T君も一年わざと留年し、ようやく大手の化学薬品会社に職を得た。目下、その全州工場に配属され、日々サラリーマンとして通勤しているというわけである。

T君は職場から車でかけつけてくれたのだが、全州も夜は交通渋滞がひどいというので、ホテルから徒歩で韓国料理のレストランへいった。ここで全州名物の「コンナムル（大豆モヤシ）クッパ」を食べ、韓国のつめたい焼酎《ソジュ》を飲みながら、彼の話をきいた。

T君が勤めはじめた会社は、韓国で事業規模が一〇〇位以内にはいる大企業だそうで、初任給は四〇〇万ウォン（約四〇万円）。これに、年一ヵ月ほどのボーナスがつくというから、韓国の物価水準を考えると、相当な高給である。

ただ、所属部署の課長が毎朝七時二〇分に出社するので、T君も同じ時間までに出勤しなければならない。夜はたいてい残業があって八時か九時まではたらく。それで、ランチも夕食も会社の社員食堂でとる。「二食とも会社もちなので、たすかっています」との由。

よる家に帰ってからはコンピューターに向かい、インターネットですごすことが多いらしいが、最近トーマス・マンの『魔の山』を韓国語訳で読みはじめたという。

週末は土・日が休みなので、土曜の朝、高速バスに乗ってソウルの実家に帰る。ソウルでは高麗大学時代のクラスメートたちと会い、それぞれの勤め先の情報交換をする。みんなの話をきくと、仕事の大変さはどこも同じ。T君の会社では、今年の一月に入った四〇人の同期のうち、およそ半分ぐらいの人が九月までにやめたという。

T君はいまおん年二八歳（韓国では現在も数え年をつかっているので、満年齢では二七歳）で、ガールフレンドなし。韓国のなかでは恵まれたエリートのように見えるが、本人にとっては「悩み多き青春」だそうである。

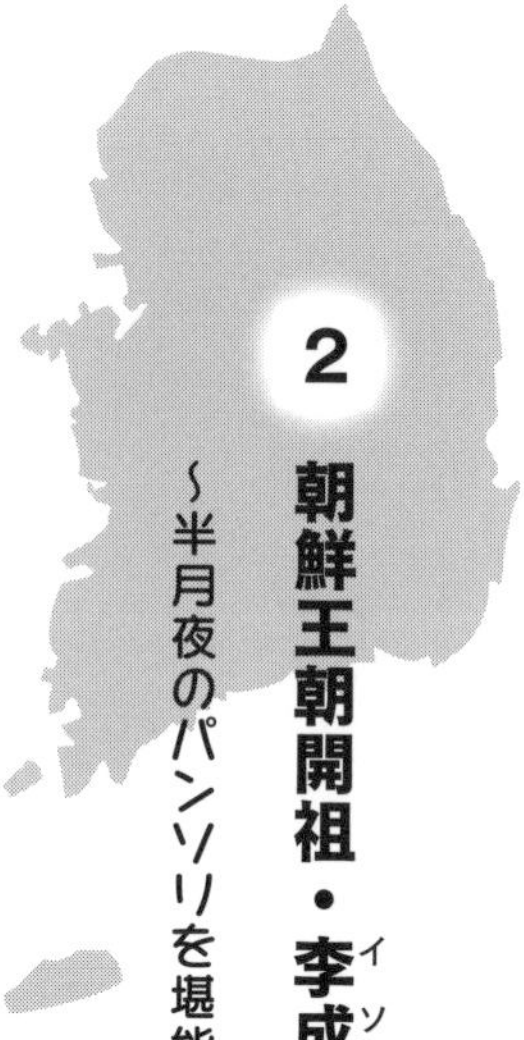

2 朝鮮王朝開祖・李成桂《イソンゲ》のおもしろさ

〜半月夜のパンソリを堪能する〜

人口およそ二〇〇万人。全州《チョンジュ》は全羅北道《チョルラプクド》の道庁所在地とあって、思ったより大きな町だった。市中を全州川《チョン》が悠然と流れ、周囲を山にかこまれて、落ち着いたたたずまいをしている。

歴史も古い。「全州」という地名が最初につかわれたのは統一新羅時代の慶徳王のとき（七五七年）といい、そのあと後《ご》百済《くだら》時代に王都として栄えた。

この歴史の町・全州の旧市街は、市城の東南部にあり、かつて東西南北四つあった城門のうち、南の豊南門《プナムムン》だけがいまも残っている。豊南門界隈には昔ながらの店がいくつもあって、独特の雰囲気を楽しむことができる。

そして、この豊南門から歩いて五、六分のところに、李氏朝鮮王朝（一三九二〜一九一〇年）の創始者たる李成桂《イソンゲ》の肖像を奉安する慶基殿《キョンギジョン》がある。なぜ李朝太祖の肖像をかかげる建物が、ソウルではなく全州にあるかといえば、彼自身が「自分の本貫《ポンガン》は全州李氏だ」と言明していたからだ。「本貫」というのは、自分の先祖の出身地をいう。

観光案内所が入口そばにある大門から中にはいり、広い中庭を直進すると、慶基殿がドッシリと鎮座していた。韓国風のりっぱな社殿。うす暗い内部の正面にかかげられた肖像をじっくり見る。見れば見るほど、ひとクセもふたクセもありそうな男である。

じっさい、五〇〇年もつづいた李氏朝鮮王朝を創始したこの李成桂は、なかなかにおもしろい男だった。なぜおもしろいかといえば、彼の死後に李朝の国教として韓国の人や社会を骨の髄まで支配した儒教の教えに、彼は徹底的に相反する生き方をしているからだ。

まず、儒教では武人よりも文人を上においているが、李成桂はオギャーと生まれてから七三歳で死ぬまで、徹頭徹尾武人として生きぬいた。

彼が咸鏡道《ハムギョンド》（現在は北朝鮮）の永興（現在は金野郡）で生まれたのは一三三五年。当時、咸鏡道や平安道《ピンアンド》の朝鮮半島北部は女真族（満州族）の居住地域だった。李成桂の父・李子春はモンゴル名ももち、中国の元王朝に仕える地方長官をしていた。

李氏朝鮮王朝の創始者・李成桂の肖像を奉安する慶基殿

時あたかも、中国ではモンゴル人の元朝の力が衰微し、そのスキをついて中国民衆による紅巾《こうきん》の乱が起こった。紅巾軍の指導者・朱元璋は一三六八年、南京で明王朝の樹立を宣言し、「大明皇帝」と自称して、元朝の大都（北京）を攻め落とした。北のモンゴル高原にしりぞいた元の勢力は「北元」とよばれ、その後二〇年にわたって抗戦した。

こうした麻のごとく乱れた時代状況のなかで、それまで元朝にさんざん痛めつけられてきた韓国・高麗朝の恭愍王《コンミヌ》は、今やチャンスとばかり北へ攻めのぼり、李成桂がいた咸鏡道の永興を占領した。

このとき、李成桂二二歳。すぐ父とともに元朝から高麗朝へ寝返ったわけだが、この行動はあきらかに「忠臣は二朝に事《つか》えず」という儒教の基本テーゼに反している。

とにかく、これが李成桂の人生の転換点といっていいだろう。四年後に父が死に、彼は高麗軍の「万人隊長」となって、破竹の勢いで半島北部の女真・モンゴル勢力を平らげていった。

李成桂の武名はいやがうえにも上がり、高麗王の命でこんどは半島南部を侵していた倭寇《わこう》（朝鮮半島や中国沿岸をあらした海賊・密貿易集団）の討伐にむかう。

✚✚✚✚✚✚

慶基殿から東へ歩いて六、七分のところに、小高い丘がある。市によって設置された急勾配の階段をハーハーいいながら登ると、途中に小さい展望所がつくってあった。

そこからは、全州市の七〇〇軒にもおよぶ「韓屋《ハノン》」（伝統的な韓国風の家屋）の甍《いらか》の波が眺められる。〈これぞ韓国！　よくぞこれだけのものが残ったものだ〉という感じだ。

そして、さらにもうひと頑張りして頂上に達すると、その高台に有名な梧木台《サンセムト》の楼閣が立っている。靴をぬいで中にあがると、お弁当をひろげて食事をたのしみながら談笑している観光客グループがいくつもあった。

そこの碑蹟によれば、李成桂が一三八〇年に、錦江から侵入した倭寇の軍を打ち破り、帰途この丘の上で戦勝の宴をひらいたという。李成桂と全州は、やはり浅からぬ縁があったようである。

◆◆◆◆◆◆

さて、一三八八年、李成桂にとって人生二度目の転機、そして最大のチャンスが訪れた。

中国で北元を完全に制圧した明王朝が、高麗王に対して、高麗軍が元からとりもどした朝鮮北部地域をふたたび明に帰属させるように要求してきたのだ。

このときの高麗王・禑《ウ》王は、明の要求を拒絶すべく全土に非常事態を宣言し、李成桂を北進の遠征軍の前線指揮官に任命した。この勝ち目のない遠征にもともと反対だった李成桂だが、軍団が鴨緑江河口の威化島《ウィファド》に達したとき、大雨による増水で渡河ができず、兵員への食糧補給もとだえてきたので、あえて王に撤退の許可を訴えた。

ところが、禑王がこの求めに応じなかったことから、李成桂はここで人生最大の決断をくだした。すなわち、王命に反して、自分独自の判断で全軍に撤退命令を出したのだ。これが、韓国史で名高い「威化島の回軍」である。

謀反人と指弾された李成桂は、軍勢をひきいて都の開京になだれこみ、抵抗する反対勢力を一掃した。そして、禑王を廃し、かわりに子供の恭譲王を擁立した。

結局、全権力をにぎった李成桂は、高麗朝最後の王・恭譲王も退位させ、一三九二年七月に開《ケ》城《ソン》の寿昌宮《スチャングン》で王位についた。

このとき、高麗朝の大臣一二名が「桂門不出《ともんふしゅつ》」（門をとざして、仕事に出ない）と、新王朝へのあからさまな協力拒否の態度にでたため、激怒した李成桂はこれらの者をひとり残らず殺している。

こうした旧王朝派の抵抗がかなりあったことから、李成桂は国号を「朝鮮」に改めたのち、一三九四年に都をソウルにうつして、人心の一新をはかった。李氏朝鮮王朝がここにスタートしたのである。

辺境の土地から身を起こし、戦さ上手の武人として立身出世の階段をかけあがり、主君の世継ぎの子らをうまく〝処分〟して、自分が王となる。歴戦の勇士ながら、戦いのなかで死なずに、天寿をまっとうして病没。

李成桂という男はたしかに時代を画する風雲児であった。

◗◗◗◗◗◗

さて、梧木台の丘をくだって、南へ七、八分歩いたところに、古めかくしてりっぱな門構えをもつ「全州郷校」があった。

この儒教を学ぶ学校は、高麗時代（九三六〜一三九二年）に創建されたと伝えられているが、現在の建物は李氏朝鮮の宣祖王の時代につくられたものだ。

門をくぐって入ると、敷地はかなりの広さがあり、数百年の樹齢をほこる大樹が本殿の両脇に立っている。

ここで、まだちゃんと歩けない赤ちゃんがきれいな晴れ着を着せられて、家族や親戚の人たちといっしょに写真をとられているのに出会った。

きけば、これは韓国語で「トル」といい、生後満一年の誕生日を祝う行事だという。写真撮影のあと、町のホテルへみんなで移動し、友人や会社の同僚なども合流して、食事をともにしながら盛大なパーティーとなる。

ここでおもしろいのは、いろいろな食べ物をおいた低い台（サン）をしつらえ、その食べ物の前にえんぴつやお金や糸をセッティングしておく。赤ちゃんをそこにハイハイさせて、もしえんぴつをとったら将来は学者、お金だったら金持ち、そして糸をつかんだら長生きする、という〝占い〟を行なう。

最近は、聴診器も用意して、赤ん坊がそれをとったら、「将来は医者になる！」とみんなで大いにもりあがるそうだ。

✚✚✚✚✚✚

さて、全州郷校からさらに南へ数分歩いたところに、公設の伝統文化センターがあった。三階建てのモダンなビル。ガラス張りの入口から中に入って、何か全州の伝統的な文物が展示してあるのだろうか、とあたりを見回しても、それらしいものは何もない。

それで、制服を着た管理人らしき四十年配のアジョシ（おじさん）に、かたことの韓国語でいろいろ質問したが、なんとも要領を得なかった。そのうち、「どうしたんですか？」と日本語で若い女性が話しかけてきた。

ナイス・タイミング！　さっそく彼女にたずねたところ、ここのセンターは劇場やホールをもち、文化的なイベントをやるための施設だという。

〈ああ、そうか……〉といささかがっかりしたが、せっかく来たので、隣接地に建てられた真新しい韓屋《ハノン》の建物を見物することにした。この図体のデカイ韓屋は広い中庭をもっていて、そこには高さ五〇センチほどの仮設ステージがつくられていた。

〈ここで何をやるんだろう？〉と思いながら、残暑のきびしい日差しをさけるために、韓屋のひさしの下の階段にドッカと腰をおろした。数時間ずっと歩きづめだったので、さすがに汗が止まらない。

リュックから日本のうちわをとり出して、パタパタ涼をとっていると、韓屋の中からとつぜん女性が二人と、大柄な男性一人がそれぞれ大きな扇子をもって現れた。

◆◆◆◆◆

丸顔でちょっと小太りの女性は四〇前後、もうひとりはスラリとした三〇代半ばぐらいの女性で、いずれも普段着をきている。一方、背がゆうに二メートルはありそうな男性は、三〇代後半のイケメン偉丈夫で、青いTシャツにゆるいズボンをはき、手には直径四〇センチほどの太鼓と白いバチをもっている。

〈何だろう?〉とぼんやり考えながら、三人の様子をうかがっていると、ひとりの女性がおもむろにのびやかな美声で朗々と歌いはじめた。

そう、韓国の伝統的民俗芸能である「パンソリ」のリハーサルが始まったのだ。

パンソリというのは、「パン」がひろい所、舞台を、「ソリ」が歌、曲調を意味する。もともとは、韓国のシャーマンが唱する歌だったものが、シャーマン家系の男たち(広大《クワンデ》)が流浪の大道芸人となり、歌の上手な「歌《ソリ》広大」として大衆の人気を博したところから生まれた、といわれる。

一八世紀ごろ、かつて百済の版図《はんと》であった忠清道《チュンチョンド》と全羅道において、パンソリは各地の祭りや市場などで歌われ、演じられていた。

パンソリの練習風景

それが、しだいに両班《ヤンパン》や地方長官などの支配層の権勢家の家に招かれて演じるようにもなり、全盛期の一九世紀には都《ソウル》の王に召されて〝御《ご》前《ぜん》パンソリ〟をとりおこなったという。
パンソリは基本的に、ソリを歌う「唱者」と、すわって太鼓を打ちながら拍子をとる「鼓手」のふたりで演じられる。元来、唱者も鼓手も男性であったが、後年「女子広大《ヨジャクワンデ》」も現れるようになった。

パンソリで歌われ、語られる演目は、初期の民話を脚色したものから始まって、社会風刺や恋愛を織りこんだ物語に発展していった。今日まで残っているもので、いまも人気のある「沈清《シムチョン》歌《グ》」の物語はつぎのようなものだ。

「両班の後裔である沈鶴圭《シムハクキュ》は盲目であった。妻にまで死なれた貧しい彼を、娘の沈清《シムチョン》が物乞いをして養っていた。ある日、供養米三石だけ勧進すれば目があくという、夢運寺の住持の話を聞いた娘・清は、南京商人にわが身を売って寺に三〇〇石をおさめ、印塘水という荒海にいけにえとして入水する。沈清の孝行をよみした玉皇上帝は、彼女を蓮花につつんで海の上に漂わせた。還生して王后となったが、いつも父のことが忘れられず、全国にふれを出して盲人のための宴をひらき、めぐりあうことができた。父はおどろきと喜びのあまり目があき、沈清は親孝行をまっとうする」（李《イ》杜《ド》鉉《ヒョン》『朝鮮芸能史』より）。

ちなみに、この「沈清歌」をすべて演唱するには、休憩なしでも七～八時間はかかるそうだ。

さて、今晩七時半からという公演を前にして、女性ふたり、男性ひとりの壮年パンソリ演者は、戸外の仮設舞台でリハーサルをはじめた。願ってもない機会なので、わたしはじっと目をこらす。まず、「ハハーン」と思ったのは、四十年配の女性を年下の女性が「オンニ、オンニ」とよんでいることだった。オンニというのは韓国語で「姉」のことだが、もちろんこの二人は実の姉妹ではない。

韓国人は、女性がふたりで何かの関係をつくる場合、お互いに年齢の上下をすぐにたしかめて、上の女性のことを下の人が「オンニ」とよぶ。日本でいえば〝義兄弟〟のような感じを人為的につくって、ふたりの関係を安定化させようとしているのだろう。

おもしろいことに、これと似ていることが、男女の関係にもある。韓国人の男と女がつき合い、そのうち〝いい仲〟になると、女性は相手のことを「オッパ」とよびはじめる。このオッパは「兄」の意味で、恋人の女性から「オッパ」とよばれるのは、韓国人の男にとってまんざらではない〝味〟があるという。

それから、パンソリの実演を間近で見ていてちょっとおどろいたのは、太鼓の伴奏にあわせて歌い、またセリフを語る女性が、もっている扇子をつかっていろいろと演じていることだった。

これを「パルリム」（振り）というそうだが、豆か何かを空中にほうり投げて口で受けとめる所作をめぐって、三人があぁでもないこうでもないと議論し、それぞれ試演してみせる姿は、たいそうおもしろかった。

こうして三人でいろいろ意見を出しあいながら、この日のパンソリの出し物をつくっていくのだが、残暑のきびしい暑さのなかで、三人とも笑みをたやさず、楽しみながらやっている様子に、わたしは日本人とはちがう流儀のようなものを感じて、興味深かった。

さて、その晩、三人との約束どおり、七時半からの公演に足を運んだ。韓屋の中庭には明るいライトがつき、イスが四、五〇並べてあった。

入り口で切符（五〇〇〇ウォン、約五〇〇円）を買い、席につく。お客は、四組ほどの家族づれを含めて、三〇人ぐらいだろうか。みんな心なしか上気した顔をしている。

屋外の舞台。天空をあおぐと、半月が煌々と輝き、むら雲が飛ぶように流れている。耳をすますと、近くを流れる全州川のザーッという低い響きが聞こえてきた。

まず、伝統文化センターの学芸員らしき中年の男性が、今日のパンソリについて五分ほど説明した。それから、いよいよ演者が舞台に現れたのだが、彼らの姿を見て目を見張った。

あのリーダー格の年上の女性が、髪をうしろにまとめ、すこし厚めの化粧をし、赤と黄のあでやかなチマチョゴリを着て、別人のような美女に変身している。大柄の男性も、深い青の韓服《ハンボク》を身にまとって、堂々とした偉丈夫に見える。

男性がおもむろにすわり、太鼓を打ちはじめたのを合図に、女性の〝オンニ〟が腹の底から声を出して、朗々と歌いだした。半月に届くような、その伸びのある美声にうっとり聴きほれているうちに、遠い李朝の昔にタイムスリップしたような、快いめまいを感じた。

そのうち、演唱している女性が観客に対し、合いの手のセリフをいうようによびかけた。子供もいっしょに合いの手をいれる姿に、一同大爆笑。子供も引き入れ、観客のみんなで合唱するスタイルは、やはりパンソリが民衆娯楽の芸能として生成、発展したことを示している。

およそ四五分の公演は、歌詞やセリフがまったくわからなかったのにもかかわらず、とてもよかった。ほんとうに、これだけ充実した時間的空間を味わえるパンソリに出会えただけでも、全州に来た価値があったといえる。

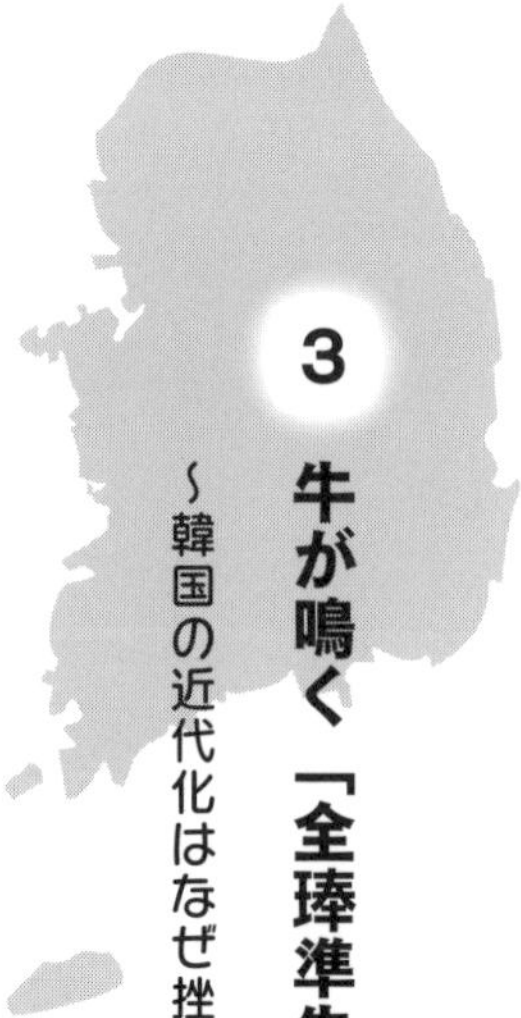

3 牛が鳴く「全琫準先生古宅」にて

～韓国の近代化はなぜ挫折したのか～

古都・全州《チョンジュ》の市域を悠々と流れる全州川《チョン》。その河畔近くの豊南洞《プンナムドン》、枝洞《ジドン》あたりに、「伝統文化の香りが息づく」と観光パンフレットで銘うたれた「韓屋村《ハノンマル》」がある。

ここには、黒瓦の伝統家屋が七〇〇軒余りもひしめいていて、その連なる軒の波がたいそう美しい。屋根の上に、直径五〇センチぐらい、高さ七〇～八〇センチもあるキムチ漬けの土壺がいくつも乗っているのを見上げると、遠く李朝時代にタイムスリップしたような錯覚をおぼえる。

この韓屋村には、韓国の伝統文化（投壺、板跳び、輪回しなど）をじっさいに体験できる「全州韓屋生活体験館」もあるが、そこから西へしばらく歩いたところに、めざす「東学革命記念館」があった。

古めかしい博物館を想像してきたのだが、モダンな三階建てのりっぱなビルだった。東学革命一〇〇周年の記念事業で建てられたという。

さっそく二階の展示室に足を踏み入れると、「東学」をはじめた教祖、崔済愚《チェジェウ》の大きな銅像が目に入った。

◗◗◗◗◗◗

崔済愚は「一八二四年」というから、日本の江戸・幕末期に古都・慶州《キョンジュ》の柯亭里《ハジョリ》という村で生まれた。生家は代々儒家の名門で、幼時に父母に死なれたが、刻苦勉励、学問と修業をつんで「天道教」という儒教、仏教、道教をミックスした新しい民族宗教をつくり出した。

彼は「輔国民安」（国を正して、民を安らかにすること）をつよく唱え、「西学」つまりキリスト教がすでに隣国の清（中国）にまで浸透してきていることを問題視した。それがさらに韓国に入った場合、人々の精神が乱れてしまうのではないか、と憂えた。

そのころ、李氏朝鮮王朝が清国に送った使節のなかで、キリスト教に感化されて帰国する人がふえ、キリスト教が目に見えて広がりはじめていたのだ。

そこで、崔済愚は「西学」に対抗する「東学」としての天道教を、一八六〇年ごろから布教しはじめた。彼が「布徳文」（教義のポイント）を発布し、さかんに布教活動を行なったところ、李朝末期の貧困と社会不安のなかで信徒が確実にふえていった。

宗教は地域をこえて広がる。慶尚南道《キョンサンナムド》で生まれた天道教が西進して全羅道《チョルラド》に入ったところ、教勢が爆発的に伸びた。

では、なぜ全州のある全羅道《チョルラド》で、崔済愚の新興宗教がこれほどに農民のあいだで支持を集めたのだろうか。

これは、全羅道という地域の特性と関係している。つまり、半島最南部の全羅道は平野が広く、温暖で、かつ水が豊富なことから、米をはじめとして〝物なり〟が昔からよい土地柄だ。戦前の日本で、一番人気があって高価な米だったのは、他ならぬ全羅道の「湖南米」であった。

いわば「韓国の穀倉地帯」ともいえる全羅道。そこへ、李朝時代に都《ソウル》から派遣され統治をゆだねられた中央官吏たちは、絶好のチャンスとばかり、農民を搾取し、しぼりにしぼって巨富をたくわえようとした。

苛政と圧制による貧困と困窮のなかで、精神的にも追いつめられた村々の民衆は、心のよりどころを求めてつぎつぎと天道教に入信した。崔済愚が布教活動をはじめてから、ほんの三、四年のうちに信徒数は数千にも達したといわれる。

こうした「東学」の急成長に対して、李朝宮廷はただならぬ気配を感じ、監察使に命じて詳しい動向を調査させた。その結果、「無知の愚民を惑乱する邪教」と断定し、東学の禁止令を発するとともに、教祖の崔済愚を逮捕した。

一八六四年、崔済愚は慶尚道《キョンサド》の大邱《テグ》へ連行され、「惑世誣民《ぶみん》罪」ですぐさま処刑された。享年四〇、李朝末期に風運を巻き起こした人生だった。

さて、東学革命記念館の展示物は、正直いってあまり充実したものではなかった。関連の文献資料がメインで、それもハングルで書かれた天道教に関するものが多いようだ。

〈東学革命はそんなに昔のことではなく、一〇〇年ぐらい前の事件なのだから、反乱した農民がつかった竹槍とか刀とか、当時の写真とか、革命の生々《なまなま》しい有様や実態をイメージできるものがあればなあ……〉、と不満に思いながら見て回っていると、一枚の大きなパネル写真が目に止まった。

それは、歴史の教科書などによく載っている、東学農民戦争の指導者・全 琫準《チョンボンジュン》の逮捕時の写真だった。

どこか地方の農家の軒先で、地面や屋根に雪がつもっている。全琫準は民族服を着て縄打たれ、粗末な輿《こし》にのせられて、ふたりの屈強な人夫がそれをヨイショともちあげて歩み出す瞬間だ。両脇を宮廷軍の若い兵士がふたりで護衛している。

このいかにも〝ヤラセ〟の写真。輿の前方をになう民族服の人夫の顔が魁異《かいい》であり、全琫準も農民の着古した普段着をまとって写っていることから、なにか彼が農村のありふれた小作男のように、これまでは見えていた。

ところが、同じ写真でも教科書の小さな写真ではなく、それが縦横数メートルに引き伸ばされたパネルで見ると、全琫準の顔がまったくちがっていた。なんといおうか、この大写しの風貌からは、彼が決してタダ者ではなく、人格的な大きさをもった、民衆のすぐれた指導者としての器量のようなものがよく見てとれたのである。

わたしは俄然、全琫準に魅了され、この男についてもっと知りたいと思った。そこで、記念館の係員の女性に「全先生ゆかりの物がどこかにありませんか」とたずねると、古阜群白山《コブグペクサン》というところに彼の生家がのこっているという。さっそくタクシーをひろい、全州の市外バスターミナルへ向かった。

◆◆◆◆◆◆

バスターミナルの案内所には、運よく日本語が話せる青年がいた。彼によれば、白山はかなりの田舎で、まず井邑《チョンウプ》という町にいく必要があるという。で、井邑までの切符を買い、大型バスに乗りこんだ。

市バスは猛スピードで郊外を走り、四五分ぐらいでめざす井邑に着いた。が、ここからどうやって白山村へ行ったらよいのか、皆目わからない。

そこのターミナルで何人もの人に聞きまくっているうちに、親切なバス会社の男性職員が出てきて、白山村を通るバスに乗せてくれた。

そのバスはガタピシの田舎バスだった。走り出してすぐに、荷物をたくさんもったハルモニ（おばあさん）の一団が乗りこんできた。いずれも顔が真黒に日焼けして、腰が曲がり、いかにも農民らしい様子だ。

〈韓国のお百姓さんだな……〉と思いながら、彼女たちの荷物を観察すると、白菜などの野菜がたくさんつめこまれていた。おそらく、町の市場で農作物を売り、これから村へ帰るのだろう。

バスが何区間か走りすぎたころ、ハルモニたちのひとりが「カバン、カバン……」と大きな声をあげて、騒ぎ出した。どうやら、今日の売り上げ金がはいったカバンを市場に置き忘れてしまったらしい。彼女はつぎのバス停ですぐおりた。

そのあと、残ったハルモニたちがバスをおりた人の風呂敷づつみを開けてみると、はたしてくだんのなくなったカバンが見つかった。

さあ、それからがたいへんなことになった。みなが「ヘンドフォン（携帯電話）、ヘンドフォン……」と叫び出し、車内は騒然。ひとりのハルモニがポケットからケイタイを取り出した。よく見ると、もうずいぶんと使いこんだ旧式のケイタイだった。

そして、ハルモニたちとバスの運転手との侃侃諤諤《かんかんがくがく》の〝論争〟がはじまった。この先のバス停で、さっきおりたハルモニをひろってくれるように交渉しているようだ。

五十年配の男性運転手は、当初大きな声でダメ出しをしている様子だったが、七〜八人から成るハルモニ軍団には勝てず、不承不承につぎのバス停で車を五〜六分止めた。くだんの早とちりしたハルモニは、タクシーで無事追いつき、ホッとした安堵の表情でバスに乗りこんできた。

その後、バスは何事もなかったかのようにひた走りに走り、農村地帯にはいった。二車線の道の両側には、米の黄金色に実った穂が秋風に揺れながら、海原のように見渡すかぎりつづいている。

たしかに、たいへんな穀倉地帯であることはわかるのだが、〈こんなに土地が肥えたところで、ほんとうに農民たちが反乱に立ちあがったのだろうか……〉と物思いにひたっていると、バスはとある農村の一角で突然止まった。

運転手がこちらをふり向いて、大声で「ネリセヨ（おりなさい）！」と叫んだ。古阜群白山村についに到着したのだ。


一八九四年二月一七日（陰暦で甲午正月一一日）、ここ古阜の農民たちが封建領主たる群守の役所を襲撃した。この蜂起を起点として、およそ一年におよぶ大規模な農民反乱を一般に「甲午農民戦争」とよんでいる。

反乱の直接的な原因は、群守・趙秉甲《チョビョンカプ》の苛政だった。趙は、農民が苦労して建設した灌漑施設の近くに、「萬《ウ》石洑《ソクボク》」という貯水池をつくって、新たに「水税」を徴収したり、その他さまざまな新税によって農民をしぼりあげ、私腹をこやしていた。

こうした暴政に業《ごう》をにやした古阜の農民たちは、一揆の反乱を組織するために、宗教教団・東学の幹部だった全琫準（一八五三～一八九五年）を指導者に推戴し、およそ一〇〇〇人を擁して立ちあがったわけだ。農民たちは役所を占拠し、武器を奪い、趙が不法に徴収した米穀を人びとに分配した。

この段階では、一地方の〝悪代官〟に対する、農民の生活を守るための反乱にすぎなかったが、全琫準が近隣の同士たちに「倡義檄文」を送り、決起をうながしたことから、広範囲に及ぶ農民戦争に発展した。

全の檄文の内容は、「われわれが正義をもって、ここに立ち上がったのは、決して他意があるわけではない。人民を塗炭の苦しみから救い、国家を磐石の上に置こうとするためである。内に悪虐な官吏の首を切り、外に横暴な強敵共を駆逐するためである。両班と富豪のために苦しめられた民衆と、方伯《バンベク》、守令《スリョン》（いずれも地方長官）のもとで屈辱を受けた小吏は、われわれと同じ怨恨をもつものである。少しもためらうことなく、即刻立ち上がれ！　もしこの機会を逃したなら、いかに後悔しても、もはや及ばないであろう」（呉知泳『東学史』）というものだった。

こうした檄文に各地の農民が呼応したのには、李朝末期の腐敗した宮廷の外国勢力にたいする弱腰姿勢への不満と、開国にともなう経済状況の悪化がその背景にある。

同年四月、「古阜民乱」の実態究明のために中央政府から派遣された李容泰《イヨンテ》が、〝悪代官〟をこらしめるどころか、反乱の首謀者の追及に全力を注いだ。その過程で、中心人物に「東学」関係者が多い事実が明らかになったことから、東学教徒への弾圧をはじめた。

東学は、創始者の崔済愚が大邱《テグ》で処刑されたあと、遠縁にあたる崔時亨《チェシヒョン》が二代目の教主となり、一八八〇年に東学の教典たる『東経大全』を出版しつつ、官憲の目をぬすんで布教活動を推し進めた。

さらに、一八八三年には、一般教徒向けに教祖の生涯と教えをわかりやすくハングルで書いた『竜潭遺詞』も刊行し、かつ各地に「包」「帳」「接」と名づけた組織のネットワークをつくって、教団としての力量を飛躍的に高めていった。

✚✚✚✚✚✚

こうした東学教団の動きに脅威を感じた宮廷は、一八八五年に東学の禁止令を打ち出した。これに対して、東学教徒は教祖・崔済愚の「伸冤運動」（逆賊の汚名を政府に撤回させ、教団を合法化させようとする運動）を忠清道と全羅道を中心に展開し、全州で気勢をあげる大集会をひらくまでになっていた。

宮廷から古阜郡に派遣された李容泰は、東学教徒をつぎつぎに逮捕し、当事者が見つからない場合は、妻子をとらえて殺害した。こうした悪虐な仕打ちに怒った農民は、近隣の同志たちと共に、第二次の蜂起に立ち上がった。

全琫準に率いられた農民部隊はおよそ二万人。彼らは頭や腰に色とりどりの布を巻きつけ、刀、槍、竹槍、棍棒を手に持ち、「符籍」（お守り）を身につけて、「弾丸に当たっても傷をおわない」と信じた。

農民軍は黄色の旗を押し立てて進み、くだんの「萬石洑」を破壊し、政府軍との二回の会戦で大勝利をおさめた後、全州城を襲撃して町を占領した。

事態の思わぬ展開に驚愕した李朝宮廷は、農民側と全州で交渉し、「全州和約」を結んで時間かせぎをしようとした。この交渉のなかで農民側が政府に要求した事項がたいそうおもしろい。

まず、「道人」（東学の信徒）と政府との間の宿怨をなくして、ともに庶政（民政）に協力すること。二が、貪官汚吏《たんかんおり》の罪状を詳しく調査して厳罰に処すること。三が、横暴な富豪を処罰すること。四が、不良儒者と両班《ヤンパン》を処罰すること。五が、奴婢《ぬひ》の文書をすべて焼却すること。六が、七種の「賤人《せんじん》」の待遇を改善し、「白丁」（被差別人）の頭にかぶせる笠を廃止すること。

そして、七が、若くして夫を亡くした妻の再婚を許すこと。八が、名分のない雑税をいっさい廃止すること。九が、官吏採用においては門閥を打破して、人材を登用すること。十が、西洋人や倭人（日本人）とひそかに通じるものを厳罰に処すること。十一が、公的・私的を問わず、借金・債務をすべて免除すること。そして最後が、土地を平均に分作させること、というものだった。

こうした農民の諸要求は、当時の韓国にあってめざましいほどに進歩的で、社会を根本から変革しようとする内容だった。もし、これらが「和約」どおりに宮廷によって忠実に実行されていたら、韓国の草の根からの近代化は大きく前進していたに違いない。

◆◆◆◆◆

ところが、じっさいの歴史はちがっていた。勢いづく農民側との交渉にあたり、宮廷はこともあろうに、農民軍を撃つべく清国に出兵を要請していたのだ。この清国の出兵に対して、日本も居留民保護の名のもと韓国に出兵していた。

そこで、農民軍は日清両軍に出兵の口実を与えないように、前述した十二ヵ条の改革案を宮廷がのむことを条件に、全州から撤収して、それぞれの村に帰っていったのだ。

「和約」が成立し、農民軍が解散したことをもって、李朝政府は日清両国に撤兵を求めたが、日本はこれを無視した。日本軍は漢城（ソウル）に侵入し、王宮を襲撃して、親日的な新政権をつくった。そして、この親日政権の軍隊が清国軍を攻撃したことから、韓国領土内で同年八月一日に日清戦争がはじまった。

こうした新局面に対し、全琫準は外国勢力を国内から追い出すための農民の再蜂起を画策したが、ここで思わぬ抵抗にあった。それは、二代目教主の崔時亨を中心とする東学教団の上層部が、国の逆賊になるような武装闘争に反対したのだ。

ここで、儒教をベースとする東学の大きな限界が露呈したといえる。かつて教祖・崔済愚の「伸冤運動」のために、漢城にのぼったさい、東学信徒たちが王宮にひれ伏して国王に陳情した体質が、このせっぱつまった重大局面で出てしまったわけだ。

全琫準の武闘派が東学幹部と埒《らち》があかない議論をつづけているあいだに、日本軍は清国を破って、大勢が決していた。全琫準は絶好のチャンスをのがしたのである。

農民軍がようやくまとまり、論山《ノンサン》から公州《コンジュ》に進撃しつつあったとき、余裕ができた日本軍は主力を農民軍攻撃に向かわせた。忠清道・公州の牛金峠《ウグムチ》での決戦で、日本の新鋭武器をもった宮廷軍と日本軍に農民軍は敗れた。

農民軍はちりぢりに敗走し、各地の農村で農民の姿にもどって追手をさけたが、政府軍は徹底的に弾圧し、何万もの民衆が犠牲になったといわれる。

全琫準は、とある農村に身を隠した。しかし、翌一八九五年の初め、雪の日にとらえられ、漢城で処刑された。享年四二、であった。

全の生家、「全《チョン》 琫準《ボンジュン》 先生古《ソンセイコ》宅《テック》」は、バス道からおよそ一〇〇メートルほど村の中にはいったところにあった。

畑の向こうから、なにやら「ムォー、ムォー、ムォー……」という、地を這うような重い低音が聞こえてきた。〈何だろう〉といぶかしく思って、その方向をじっと凝視すると、かなり大きな牛舎があって、そこの牛たちが悲しそうに鳴いているのだった。

上写真は、古阜群白山にある全琫準先生古宅の看板。たいへんな田舎で、左奥に牛舎が見える。下写真は復元された生家

全琫準の家は、古いわらぶきの木造農家だった。一〇〇年以上昔のことで、それも全は政府への謀反人であったので、じっさいの家は破壊されたか、焼かれたのであろう。だが、どこからか移築されたものでも、当時の貧しい韓国農民の暮らしを心に思い描くことができる。

全はここで一八五三年、つまり

日本の浦賀にアメリカのペリーが黒船四隻でやってきた年に生まれた。別名「全明淑」ともいった。小さいころから利発で、儒学を勉強し、村の書堂《ソダン》で訓導（教師）として子供たちの教育にあたっていた。父（全彰赫）は、農民の一揆を指導したかどで捕えられ、棍棒で打ち殺されたという。

全琫準は身体《からだ》が小さかったことから、幼時「緑豆《ノクト》」とよばれていた。長じて頭角をあらわし、近隣の農民たちから兄のように慕われた。農民の生活が逼迫し、反乱の指揮をとるなかで大きく成長し、時代を画する偉大な指導者となった。

ただ、全琫準の悲運は、悪虐な圧制者への反乱に立ち上がった幾万の農民を指導する組織として、当時の韓国に「東学」しかなかったことである。新興の民族宗教としての東学は、「長幼の序」の教えなど上下の秩序を重んじる儒教が教義の基礎となっていた。

日本でいう幕末の時代。韓国には長崎の出島のような西洋文明への〝窓口〟が存在しなかった。したがって、敵対する「西学」すなわちキリスト教の文化圏において、全琫準が生まれる半世紀以上も前に、王様の首をはねる民衆革命が起きていたことなど知るよしもなかった。

せめて彼の時代に、フランスのルソーの著作などを読んで、ヨーロッパの新しい考え方を人々に紹介する地生《じば》えの韓国人思想家がひとりでも出ていたら、甲午農民戦争の様相は大きく異なり、全も王政を打倒する革命家として大成できていたのかもしれない。

全琫準がソウルで処刑されたあと、全州を中心とする全羅道一円で、つぎのような童謡が広くうたわれたという。

鳥よ鳥よ青鳥よ
緑豆《ノクト》の畠におり立つな
緑豆の花がホロホロ散れば
清泡《チョンポ》売り姿さん泣いて行く

「清泡」とは、緑豆でつくったお菓子のことだ。韓国の農民、民衆は自分たちのために命を賭して闘った全琫準をひそかに偲び、涙したのである。

李翰の墓所「肇慶壇」。
門には大極旗のマークがついている

4 全州の庶民の親切に泣く

～韓国人の「反日」はほんとうなのか～

全州《チョンジュ》の旅をふり返って、いまさらながらに思うことがある。それは他でもない、韓国の人々が日本人のわたしに対して示す、何ともいえない親愛の情である。

こんなことをいうと、日本では「いや、そんなはずはない。韓国人の反日感情がいまだに強いことは、テレビや新聞でしばしば報じられているじゃないですか」といった反応がよく出る。しかし、じっさいに韓国の町から町へ旅してみると、マスコミの報道はウソじゃないか、と思うことがままあるのだ。

たとえば、全州の肇慶壇《ピルキョンダン》を訪れたときのことだ。この肇慶壇というのは、朝鮮王朝「全州李氏」の始祖たる李翰《イクァン》の墓所で、広大な公園の一角にひっそりとたたずんでいる。

太極旗（韓国の国旗）の古いマークがついた立派な門を入ろうとしたが、あいにく扉は固く閉じられていた。ジョギングをして通りかかった中年夫婦にたずねると、特別なときしか開かないという。

仕方がないので、近くにある全北《チョンブク》大学を訪れることにして、その行き方を駐車中の小型トラックの運転手にきいてみた。彼によれば、田んぼにそった車道を道なりに歩いていけば着くらしい。

それで、昼下がりのつよい陽射の下、その道をテクテクと歩き出したところ、うしろから車のクラクションが鳴った。ふりむくと、さっきの小型トラックのアジョシ（おじさん）が「乗っていけ！」といっているようだった。好意に甘えて乗りこんだら、大学までの道のりは思った以上に遠かった。

◗ ◗ ◗ ◗ ◗ ◗

また、東学党・農民反乱のリーダー、全琫準《チョンボンジュン》の生家を訪れたときのことも忘れられない。とにかく、ガイドブックにもまったくのっていないし、全州市からかなり離れた農村にあるので、市バスをつかっていくのは難儀をきわめた。わたしの韓国語はカタコトのレベル。そのうえ、土地の人でも一〇〇年以上前の革命家の生家のあり場所について知っている人はほとんどいなかった。

前述のように、全州のバスターミナルの案内所（日本が通じた）できいた「井邑《チョンウプ》からバスが出ているはずです」という情報をたよりに、なんとか井邑までは歩を進めることができたが、その先どうやっていったらいいのか、皆目わからない。そこのターミナルでバスを待つ人びとに、全琫準の写真を見せて聞いても、「さあ……」という答えしかかえってこなかった。

半ばあきらめかけたとき、ひとりのバス会社の男性職員が近づいてきて、「こっちへ来い」といった。彼にしたがって大通りのバス停までいくと、彼は来るバス、来るバスの運転手にたずねて、なんとかくだんの生家へいくバスをつかまえてくれた。

「地獄に仏」とはまさしくこのことだろう。自分の仕事をほっぽり出して、見ず知らずの日本人旅行者のために、ここまで親切をしてくれるのである。

✚✚✚✚✚✚

「全琫準先生古宅」をじっくり見学して、無事全州にもどった夜、投宿しているホテルの近くにあるパン屋に入った。宿が出す朝食にいささかあきたので、パンでも買って帰ろうと思ったからだ。

小ぎれいな店のなかで、日本のパン屋に負けないほどの品ぞろえに目をうばわれながら、〈どれにしようか〉と迷っているとき、店の四十年配の女性が「日本人ですか?」と韓国語で声をかけてきた。

「ネー（はい）」と答えると、彼女はパッと明るい顔になり、店の奥の方へ何やらさけんだ。すると、同じ位の年のご主人が出てきて、ていねいにおじぎをしつつ、何ともいえぬ味のある笑顔でわたしに挨拶した。

三つ菓子パンをえらんでトレイを女性にわたすと、店の自慢のパンをひとつおまけにつけてくれた。

恐縮しながら店を出たとき、〈ああ、ほんとうに韓国へきてよかったナー……〉という、旅人冥利につきる想いが心の底から湧き上がってきたのを、つい昨日のように思い出す。

◆◆◆◆◆◆

いったい、こうした韓国人の行動をどう考えたらいいのだろうか。わたしはこれまでの人生で、世界の数十ヵ国の町や村を歩き回ってきているが、これほどの親切を日本人の旅行者にしてくれる土地はほかになかった。

この謎に関して、長年韓国に住みつづけて、日本でも有数の韓国通といわれるジャーナリストの黒田勝弘氏が、つぎのような傾聴に値するヒントを述べておられる。

「古代史を舞台に『昔、面倒みたじゃないか』という話は、現実的にはリアリティがないとみるのが常識的なわけですが、しかしこれは当地（韓国）の国民感情を意外によく反映した議論なのです。まさに感情だからそうなのですが、古代史から倭寇、秀吉それに日帝三六年をふくめ、まさに愛憎おりなす日韓関係史のなかで、韓国人は一種奇妙なともいえる身内意識みたいなものを日本に対して持っているように思えて仕方ないのです。

この身内意識というのが、日本を利用して自らの利をはかる単なる方便なのかというと、どうも必ずしもそのようなドライな感じでもなくて、韓国語ふうの表現を使えば『多情な』というか、いったん何かの因縁で知り合うと、ぐぐっと中まで入り込んでくる感じの当地の人びととの人間関係に似た、かなり濃密な接近感です。この感情、意識はおそらく地理的、文化的、歴史的背景があると思われます」（『ソウル発・これが韓国だ』より）。

たしかに、この「身内意識」とか「かなり濃密な接近感」とかいったものを下敷にして、韓国の人たちがわたしに示した親密な態度を考えてみると、その特別な意味あいがおぼろげながらに見えてくるような気がする。

そういえば、以前ソウルで偶然親しくなった初老の食堂経営者と話していて、「あれッ」と思ったことがあった。彼は日本の歴史小説が「三度のメシより好き」というほど日本語に堪能で、会話力もペラペラのレベルをはるかにこえていた。

そのハラボジ（おじいさん）が、近々新しいビジネスを始めるために日本へ行くことになっている、という話のなかで、「日本へ渡らなきゃならん」という表現をつかったのだ。

「日本へ渡る」というのは、おそらく半島から島伝いにいったところに日本がある、という地理的感覚から出た表現なのだろう。そして、韓国人が日本について、「むかし島伝いに渡っていった仲間がつくった国」と考えたとしても、それほど不思議なことではないのではなかろうか。

じっさい、古代の日本に半島からたくさんの「渡来人」がいろいろな文化や技術をたずさえてやって来たことは、歴史的な事実である。

それでは、日本や韓国のメディアで今も喧伝《けんでん》されている韓国人の「反日」の実態とは何なのだろうか。

すこし古い調査で恐縮だが、韓国の有力紙・東亜日報が一九九〇年代半ばに実施した電話アンケート調査を見てみたい。これは、二〇代以上の韓国人を人口統計比率に基づいて、ソウル、釜山《プサン》、光州などから無作為抽出で男性四九一人、女性五〇九人を選び、電話で直接きいたものだ。回答者の年代別内訳をみると、「二〇代」三一％、「三〇代」二七％、「四〇代」一八％、「五〇代」一四％、そして「六〇代以上」が一一％と、二〇代、三〇代の層が比較的多い。また、職業別では、「主婦・無職」四〇％、「事務職」一八％、「自営・商工業」一三％、「学生」八％、「農林漁業」六％、「産業労働者」四％と、「主婦・無職」と「事務職」、「自営・商工業」で七割を占めている。

これらちょうど一〇〇〇人の韓国人男女に、電話で「日本人が好きですか」とたずねたところ、六一・七％の人が「日本人は嫌い」と答え、「どちらでもない」が二七・六％、「好き」が一〇・七％という結果だった。内訳をみると、年齢が若いほど、また中卒より大卒以上と学歴が高くなるほど「嫌い」が減って、「好き」が増える傾向にある。

それから、「日本から何を連想しますか」ときくと、「日帝植民地時代」が三割弱、「自動車・電気製品」が二割、「東京」と「文禄・慶長の役（秀吉による朝鮮侵略）」がそれぞれ一割、そして「侍や日本刀」が一割弱、となっている。さらに、「日本人にどんなイメージをもっていますか」という質問には、「勤勉だ」が全体の四分の一ともっとも多く、「ずるい」が二割、「親切だ」が一割強、そして「正確だ」、「集団的だ」とつづいている。

このいささか古い調査結果をあえて持ち出したのは、比較的信頼がおけると思ったからだ。つまり、ほぼ男女同数の韓国人一〇〇〇人を対象とし、人口統計比率に基づいて各地の韓国人を無作為抽出で選んでいるし、一人ひとりに電話で直接きいているところもいい。

この電話アンケート調査の結果でまず目に止まったのは、韓国人の日本人に対するイメージが意外にわるくないことだ。日本人が「勤勉だ」、「親切だ」そして「正確だ」と思っている人が、あわせておよそ半分もいる。

そして、韓国人の「反日」を考えるうえで、「日本人は嫌い」と答えた人が「六一・七％」いたことをどうとらえるかが、やはり一番大きなテーマだろう。

ここで気をつけなくてはいけないのは、「嫌い」とひと口にいっても、いろいろな程度があることだ。「日本人など顔を見るのもイヤだ」と思っている人もいれば、「日本人って、なんとなくイヤなのよネー」と感じて、「嫌い」と答えた人もいるだろう。

わたしは大ざっぱにいって、韓国の「反日」派の人には、本当に日本や日本人を嫌っている人と、学校での教育やマスコミの報道・論調に影響されて反日感情をいだいている人のふたつに分けられるのではないか、と思うのだ。

✚✚✚✚✚✚

ソウルの日本大使館や釜山の総領事館で二五年間働いたことがある町田貢さんが、釜山マスコミ界の社長たち六名を連れて日本を旅行したときのエピソードを、著書に書いている。訪れた名古屋で昼間ちょっとしたトラブルがあり、その夜のホテルでのことだ。

「シャワーでも浴びて早く寝てしまおうと、洋服を脱ぎかけたところに、卓上の電話が鳴った。誰だろうと思って受話器を取ると、KBSの韓南錫局長だった。ちょっと部屋に来ないかと言う。あの堅い韓局長が何の用だろうと思い、すぐに彼の部屋を訪ねた。すすめられるままに椅子に腰を下ろすと、自分の家のことを話し始めた。

『私の家庭は祖父の代から熱心なカソリック信者だった。だから、日帝時代に日本の神社には参拝しなかった。このため、抗日分子とみられ官憲の弾圧を受け、家族の何名かは投獄されたし、叔父は拷問されて獄死した。』

韓局長は、一行のなかでもっとも心を開いてくれなった人だが、それは彼が高級官僚だからだろうと思っていた。しかし、そうではなかったのだ。

『東京、静岡、そして名古屋まで案内してもらってありがとう。そして、われわれの荷物のために鼻血を出し、今日はツバまでかけられた。これまで抱きつづけてきた日本へのわだかまりがとける思いだよ。それをあなたに言いたかった』」（『ソウルの日本大使館から』より）。

近代史において日本が韓国（朝鮮）に軍隊を送りこみ、三六年間にわたって植民地支配したことは厳然たる歴史的事実である（韓国人はこれを「日帝時代」とよぶ）。その時代に、家族・親戚や親しい友達が警察に逮捕されたり、拷問で獄死させられたりした人は、なかなか日本や日本人を許せず、反日感情を今もいだいていることが推測される。これは、いわば「真正の反日」といえるだろう。

ただ、こうした日本による直接的被害を受けた人やその親族も、現在ではすでに八十代以上になっており、韓国総人口の一割もいないのではなかろうか。

したがって、電話アンケートで「日本は嫌い」と回答したひとの大部分は、十代のころに学校で勉強した「日帝時代」の歴史や、新聞やテレビなどの報道、論調に少なからず影響されて「反日」になっているわけだ。

それでは、なぜ戦後の韓国歴代政府はことさらに反日教育を行ない、韓国メディアは激しい反日報道を今もしつづけているのだろうか。これまでの歴史で韓国（朝鮮）を侵略し、支配したのはべつに日本人だけでなく、中国人、モンゴル人、満州人などは、その長さやひどさにおいて、明らかに日本人など比ではないというのに。

◆◆◆◆◆◆

この問いに対するひとつの有力な答えとして、「方便としての反日」ということがいえるように思われる。

韓国の政治家、高級官僚、およびマスコミ人士という〝ＳＫＹ〟（ソウル大学、高麗大学、延世大学）を出た韓国エリートたちが、国を発展させ先進国にレベルアップするために、「反日」を方便、手段として使っているのではないか。

つまり、日本というすぐ隣にある先進国をつねに国民大衆に意識させ、「日本《イルボン》なんぞに負けるな！」と叱咤し、発奮させることで、国全体のエネルギーを高揚させようという戦略なのだ。

したがって、心の底では日本人に親近感をいだいている韓国民衆も、学校や新聞・テレビで「反日」が喧伝されつづけている状況下では、身内ではない公の場（電話アンケートなど）ではなかなか「日本が好き」とは口に出しにくいのではなかろうか。

二一世紀初頭のいま、世界有数の「高齢化国家」となり、一〇〇〇兆円以上もの国の借金をかかえてジリ貧状態にある日本を、グローバル化にうまく乗りさらに発展する韓国がこれから完全に追いつき追い越したあかつきには、韓国人の「反日」はまるで幻のように消え去るのかもしれない。

第4章

「カオスの都市《まち》」釜山《プサン》への旅

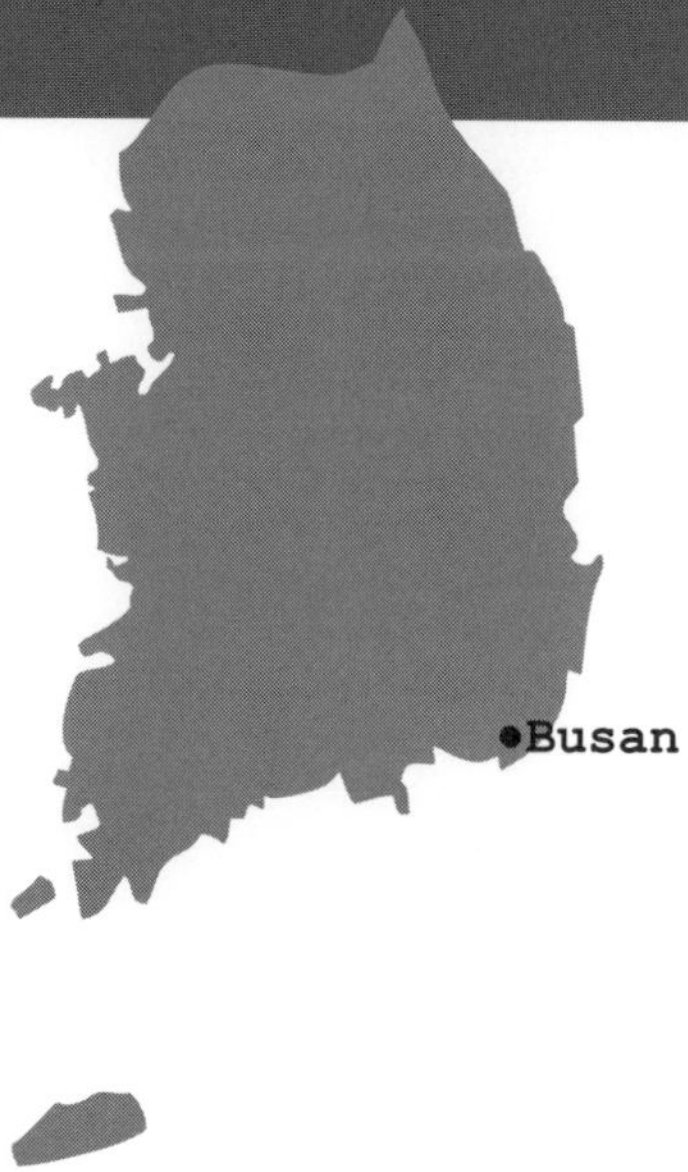

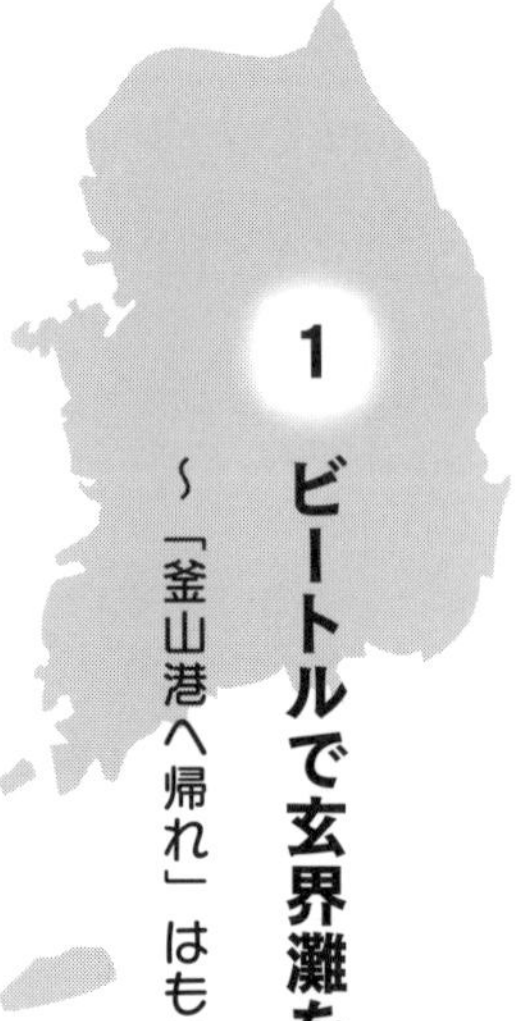

1 ビートルで玄界灘を押し渡る

～「釜山港へ帰れ」はもはや時代おくれ？～

ある晩秋の早朝、わたしは九州は福岡の有名な繁華街・天神《てんじん》のド真ん中に立った。これから、海路で朝鮮半島の南端に広がる大都市・釜山へ向かう心づもりなのだ。

東京風のオシャレなショッピング・センター「ソラリア」前のバス停2Aから80番のバスに乗って、博多港をめざす。

終点の「博多港・国際ターミナル」には、およそ一五分で着いた。海の方へ埠頭をしばらく歩くと、前面に「BEETLE」と赤字で書かれた高速船が鼻先をこちらへ向けて停泊していた。上半分が白、下が黒にぬられたスマートなボディー。

この「ビートル号」でいよいよ釜山へ旅立つのである。

見上げる博多の空。青いキャンバスに、白い秋の雲がポツン、ポツンと浮かんでいる。天気は上々。午前一〇時キッカリに、ビートルは大海に乗り出した。

この出港のとき、思いがけないことが起こった。制服に身をかためた十数名の男女職員が、埠頭に立ち手や帽子をふって、見送りのセレモニーを行なったのだ。船の旅ならではの演出。旅情がいくばくか心に湧き立った。

高速船ビートルは船体を二メートルほど浮上させて、時速八〇キロで疾走する。ほんの一〇分で湾をぬけ、さらに二〇分もすると、博多の町は遠くにかすんで見えなくなった。

前方には、広々とした丸い水平線がひろがる。わたしの席は二階の24J、窓ぎわだ。船内放送で、シートベルトの着用が義務づけられていることが繰り返された。

これは、この海域でもクジラがときに現れ、船が高速で衝突した場合、大きな衝撃と揺れが発生する可能性があるからだ。じっさい、韓国のおなじタイプの高速船が、走行中に何かの物体にぶつかって、年配の韓国人女性がとばされ、打ちどころがわるくて死亡した事故があった。

釜山めざして玄界灘を渡る高速船「ビートル号」。ヘッドに「海飛ぶカブトムシ」とローマ字でかかれている

やはり、大自然の海というのは人間にとって決して組しやすいものではない。一三世紀の日本への元寇（モンゴル人による侵略）の失敗をみてもわかるように、いま走っている玄界灘が大陸・半島との間に一本あったおかげで、日本の安全と平和が千年来なんとか確保されてきたわけである。

視界いっぱい何も見えない青い大海原。ちょっと思いついて、船尾に足を運んだ。秋の潮風のなか、高速回転スクリューが巻き上げるものすごい量の白い水しぶきと、まっすぐ後方へつづく航跡のわだちを見ていると、ビートルの速さが体感できる。

博多から釜山まで二一三キロ。この距離を、ビートルは三時間ほどで走りぬけるのだ。

席へもどるとき、船内の乗客が目に入った。中年の男性がおよそ半分。そして、若い女性が二割ぐらいだろうか。ヨーロッパ人の中年夫婦の姿も見られた。高速船の震動のリズムが心地よいのか、乗船客の半分ほどはすでに夢の世界にまどろんでいる。

乗務員の女性にきくと、今日は波がおだやかでいいが、つよい風が吹くと船が相当ゆれるという。おとといは海が荒れて、船酔いになる人が続出し、トイレは〝満員札止め〟になった由。とくに、船の後方にすわると酔いやすいらしい。

ちなみに、話をきいたこの若い女性乗務員は韓国人だった。大邱《テグ》の啓明《ゲミョン》大学で学び、山口の防府大に一年間留学したこともある才媛。日本語はペラペラの域をこえ、日本人と見まごうほどだ。ビートルでこれまで二年半ほど働き、ときには一日一往復半の勤務もこなすというから、もうりっぱなプロである。

さて、博多湾を出て二時間ほどしたころ、船の左手に大きな島影が見えた。船内放送によると、これがあの対馬とのこと。日本の島として四番目に広く、面積は七一〇平方キロ。南北八二キロ、東西一八キロと細長く、現在は長崎県に属している。

わたしは以前飛行機に乗り、上空からこの対馬を眺めたことがある。上から見ると、島の北部は険しい山また山でおおいつくされ、田畑がつくれるような土地柄ではないことが一目瞭然だった。したがって、対馬人口およそ三万人のうち、三分の一が南部の厳原町《いずはらまち》に住んでいるという。

この島の歴史は古い。遠い昔、三世紀に中国で書かれた『魏志倭人伝』に、つぎのような記述がある。

「始めて一海を渡る千余里。対馬国に至る。その大官を卑狗《ひく》と曰《い》い、副を卑奴母離《ひなもり》と曰ふ。居る所、絶島。方四百余里ばかり。土地は山険しく、深林多く、道路は禽鹿《きんろく》の径《こみち》のごとし。千余戸あり。良田無く、海物を食《くら》って自治し、船に乗りて南北に市てきす」。

この対馬は、鎌倉時代から江戸時代末期まで、有力な宗氏のもと朝鮮との外交特権をにぎっていた。ただ、作物がよく取れず「良田無く」ということで、島全体が貧しかったことから、室町時代には島民が「倭寇」に変身し、韓国の沿岸を荒しまわった。

これに頭をいためた李氏朝鮮の宮廷は、島主の宗氏とその重臣に官位を与え、毎年いくばくかの米を送った歴史がある。

また、江戸時代には三百諸侯のひとつの対馬藩となり、文禄・慶長の役（一六世紀末の豊臣秀吉による朝鮮侵略）でひびのはいった日朝外交を修復するために、外交文書の改竄《かいざん》や偽造なども行なって、したたかに活動した。

わたしは自分が教える大学（ＡＰＵ立命館アジア太平洋大学）で、対馬出身の学生と出会ったことがある。彼によれば、釜山まで五〇〜六〇キロしかなく、天気のよい日には韓国の山々が肉眼で見え、戦前は祖父が自分の漁船で気軽に釜山へいって買物などをし、日帰りで帰ることもあったという。

そういえば、彼はAPU在学中、韓国人学生がつくったサークル「サムルノリ」に入って、めざましく活躍した。サムルノリとは、「サ」が四つ、「ムル」が物（楽器）、「ノリ」が遊ぶを意味し、ケンガリ（鉦《かね》）、チン（どら）、チャンゴ（両側をほそいバチでたたく中太鼓）、プク（薄型の太鼓）で編成される音楽バンド。彼が日本人メンバーの草分けとなり、今では日本人学生が楽団員の三分の一を占めて、部長を日本人がつとめることもある。

たしかに、韓国との長いつき合いをもつ対馬人らしく、彼は韓国人への深い親しみをもっているようだった。

✚✚✚✚✚✚

さて、ビートル号による三時間の快適な船旅も終わりが近づいた。背後になだらかな山並みをもつ釜山の都市《まち》が、視界に入ってきたのだ。船内の旅客もそれぞれ下船の準備をはじめた。

釜山湾の湾口右手に横たわる五六島《オリュク》。この島は潮の干満によって五つにも六つにも見えるといい、あの有名な趙容弼《チョーヨンピル》の「釜山港へ帰れ」の歌の中にも出てくる。

花咲く冬柏《トンベク》（椿）島に　春はきたが

兄弟が出ていった　釜山港に
カモメだけが　悲しげに鳴く
五大島《オリュクト》を巡って出ていく
連絡船ごとに

かつてチョー・ヨンピルが「兄弟よ、帰ってこい」と歌った釜山港。今や巨大なクレーンが林立する

声をつまらせて呼んでみても
答えないわが兄弟
帰れよ　釜山港《プサンハン》へ
いとしわが兄弟よ

日本に渡った兄弟を想うこの「釜山港へ帰れ」を作詞、作曲したのは、釜山出身の黄 善雨《ファンソンウ》さん。これを趙容弼が歌って、韓国でヒットしたのは、一九七五年だった。

それからすでにおよそ四〇年の歳月が流れ、韓国は今やOECD（経済協力開発機構）に加盟する、堂々たる先進国に成長した。この演歌を笑いとばすような勢いが、現在の韓国にはある。

釜山港には、世界中からの物資をいれたコンテナをつるす巨大な赤いクレーンが、いくつもズラーッと並んでいた。そのクレーン群に〝歓迎〟されて、ビートルは静かに湾内を進み、船着き場に無事到着した。

わたしは「釜山港へ帰れ」の日本語バージョン「つばき咲く春なのに　あなたは帰らない……トラワョ　プサンハンへ　逢いたい　あなた」と上気嫌で歌いながら船をおり、釜山の地をしっかりと踏みしめたのだった。

（日本音楽著作権協会（出）許諾第1800964―801号）

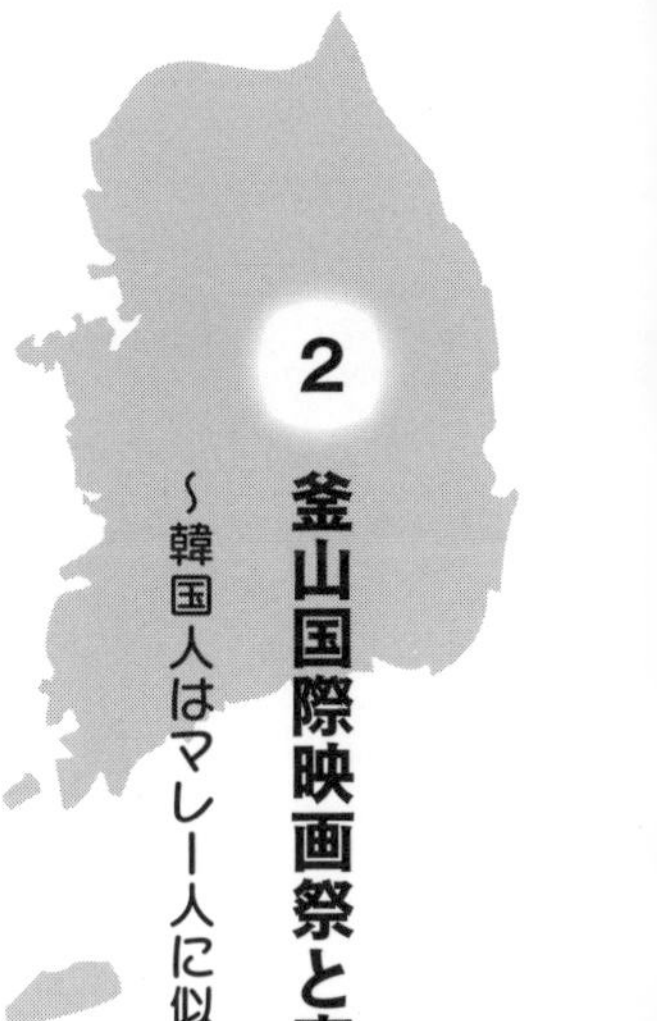

2 釜山国際映画祭と李舜臣将軍の奮闘

～韓国人はマレー人に似ている？～

釜山を日本語では「プサン」と発音する。しかし、A、B、Cのアルファベット表記を見ると、「BUSAN」となっている。このことに、〈なぜだろう？〉と疑問をもつ日本人が少なくない。

これは、「語頭の濁音はにごらない」という韓国語の発音の癖による。筆記体では「BUSAN」になっていても、じっさいに口に出していうときは、「PUSAN」となるわけだ。

こうした韓国語の発音上の癖はほかにもある。一番よくぶつかって、これまた日本人が面くらうのは、語頭のR（またはL）音だろう。

どうしたわけか、韓国人はラ行の「ラ、リ、ル、レ、ロ」が語頭にくると、R（L）が発音できない。もちろん、あえていえば可能なのだろうが、発音上のクセとしてできないのだ。

だから、韓国の李明博前大統領の名字はアルファベット表記では、「LEE」なのだが、韓国人がじっさいに発音するのは「リー」ではなく、Lがはずれて「イー」となる。

これに関して、おもしろい話をきいたことがある。ソウルの高麗大学でわたしが韓国語の勉強をしていたとき、同じクラスに在日韓国人の女子学生がいた。

彼女のお母さんは若いころ在日韓国人男性と知り合って結婚し、目下日本で暮らしているわけだが、ある日娘の彼女が帰宅したとき、興奮気味にこういった。「今日テレビで、ニクジョウがすごかったヨ！」

「エッ、ニクジョウ?!」。彼女はとっさに漢字で「肉上」を思いうかべ、そこから「肉布団」を連想した。お母さんが何か昼下がりのよろめきドラマでも見たのかな……、と思ってくわしくきくと、とんでもない誤解だった。

つまり、その日オリンピックの一〇〇メートル走の決勝戦があり、それをテレビで観戦したお母さんが、「陸上がすごかったヨ」といおうとして、「RIKU」が「NIKU」へ変化してしまったわけである。

ニクジョウがリクジョウだとわかって、ふたりで大笑いしたという。

◗◗◗◗◗◗

さて、釜山といえば、「釜山国際映画祭」がつとに有名である。世界的には、カンヌ、ベルリン、ヴェネツィアの映画祭がよく知られているが、アジアではなんといっても釜山の映画祭が一頭地《いっとうち》を抜いている。

この釜山国際映画祭は一九九六年にスタートし、毎年一〇月にひらかれて、新しい韓国映画を数多く紹介するとともに、アジアのかくれた傑作を発掘することでも定評がある。

映画祭のメイン会場は釜山市内の海に面した南浦洞《ナンポドン》地区のBIFF広場。ここは、市民や観光客でごったがえすチャガルチ市場や、安い衣料品の露店がひしめく国際市場にかこまれ、いつも人通りがたえない繁華街の中心だ。

わたしも、国際映画祭の熱気がいまださめやらぬ頃に釜山入りしたので、ここの大映シネマや釜山劇場に何回か足を運んで、韓流《ハン》の映画を三、四本鑑賞した。

釜山の映画館に入って、まずおどろいたのは観客の多さだった。わたしもけっこう映画好きで、ふだんから別府や大分の映画館でいろいろな映画を楽しんでいるのだが、わたしといっしょに観る観客はたいてい一〇人か二〇人ぐらいしかいない。

ところが、釜山の映画館はいつでも一〇〇人以上のお客が入っているのだ。むろん日本に比べて入場料が安いこともあるが、やはり韓国人の自国映画に対する愛着、思い入れがそれだけつよいのであろう。

それから、釜山の映画館で韓国人の観客といっしょに映画を観ていて、はじめて気がついたことがある。

それは、コメディーの映画でおかしい場面があったときの韓国人たちの反応だ。ふだん日本の映画館でわたしが見聞きしている日本人の笑いとくらべて、韓国人の笑いの爆発力はすごかった。

とくにおどろいたのは、ラブ・コメディーの映画のなかで、かなりきわどい男女のシーンがあったときだ。その息をのむような濡れ場で、ちょっとしたこっけいな場面があったとき、日本人はクスッと笑うだけなのに、韓国人の観客はドッと笑ったのだ。

このとき、わたしはシンガポールの映画館をありありと思いだした。多民族の英語国・シンガポールでは、街の映画館で主にアメリカ映画をやっており、それを華人（中国系市民）とマレー人がいっしょに観ている。そこで、同じような男女の交歓のシーンでおかしいことが起きたときなど、華人の観客はニヤッとするだけなのに対し、マレー人はあたりをはばからずに声を出して笑うのだ。

〈一体どのようなことから、こういう違いが出てくるんだろう？〉

と、釜山の映画館で考えをめぐらせているうちに、わたしの大学で日本人の学生が驚き顔でいっていた話を思い出した。

APU（立命館アジア太平洋大学）にはインドネシア人の学生も数百人いて、日本人学生が彼ら彼女らと交流する機会もけっこう多い。

そうした交流会に参加したひとりの女子学生が「インドネシア人の先生と学生がすごく豪快に笑うことに、わたしはなにか違和感がありました」と語っていたことだ。

周知のように、インドネシア人もマレー人もイスラーム教を信仰しており、日々の生活は宗教の戒律によっていろいろ規制、管理されている。その〝しばり〟によるストレスが毎日たまっていくと、それを解消するために笑いが大きくなっていくのではないだろうか。

韓国人の場合は、いわずと知れた儒教による〝しばり〟である。「年上の人の前ではタバコを吸ってはいけない」など、韓国人の日常生活は儒教道徳によってすみずみまでしばられ、コントロールされている。

韓国人の若い学生が日本へ来てまず驚くのは、真面目な日本人が意外にも人生をいろいろと楽しんでいることだという。早い話が「できちゃった婚」など韓国ではまず考えられないそうだ。そうした儒教による様々な〝しばり〟のなかで、たまりにたまったストレスを、韓国人は爆発的な笑いによって解消しているのだろう。

✚✚✚✚✚✚

これは、どちらがいいかわるいかということではなく、それぞれの民族の文化のちがいというしかない。

長年赤道直下の南国・シンガポールで暮らして、マレー人とその文化についてよく知っているわたしから見て、韓国人とマレー人はいろいろな点で似たところのある人たちだと思う。

いつだったか、ソウルで働いている在日韓国人の知人と話したとき、彼は「韓国人は先のことをあまり考えずに、そのときそのときを楽しむ傾向がつよい」と指摘していたが、マレー人もふだん「明日はあしたの風が吹く」といった感じで毎日を生きている人が多い。貯金をあまり好まないところも、よく似ている。

以前リュックサックをしょって韓国各地を歩いたとき、宿泊した旅館《ヨグァン》でパスポートの提示をほとんど求められなかった。これは、どんな田舎の安宿でもかならずパスポートの提示と旅券番号の記入をきびしくいわれた台湾と好対照だった。

その旅の途上で出会った日本人の大学生によれば、学割にしてもらう際、ほんとうは国際学生証が必要なのに、韓国では日本の大学の学生証でもけっこう間に合ってしまったという。

このような韓国人のよくいえば「おおらか」、わるくいえば「いい加減」な行動様式も、マレー人と共通している。マレー人もあまりうるさいことをいわず、物事を大づかみで進めていくことをライフスタイルとしている風がある。

また、こうした「おおらかさ」を旨とする韓国人とマレー人がどちらもその民族性とは一見そぐわない、厳格なイメージをもつ儒教とイスラーム教を奉じていることも、たいそうおもしろい。これは、人間の〝ないものねだり〟をする性向が裏で働いているのかもしれない。

◆　◆　◆　◆　◆

さて、映画祭のBIFF広場から地下鉄の南浦駅《ナンポ》までもどり、すぐうしろの商店街・光復路を西へ五〇メートルほどいくと、右手に龍頭山《ヨンドゥサン》公園の丘をのぼる長いエスカレーターがある。

このエスカレーターにのって、公園の中心部にそびえ立つ釜山タワーをめざした。国内でも海外でも、訪れた町で好天に恵まれたら、なにはともあれその土地を鳥瞰できる場所へいく――この旅の流儀にそって、釜山全市の姿を見てみたいと思ったのである。

巨大なロウソクのような白色の釜山タワーは、一九七三年につくられた。タワーそのものの高さは一二〇メートルだが、丘の上に建っているので、海抜は一八九メートル。そのてっぺんからの眺めは期待にたがわず圧巻であった。

まず目を奪われたのは、前面に展開する海と港だ。眼下の埠頭には、真白な豪華客船が停泊し、世界一周の航海を待っている。船を修理するドックがいくつもあり、赤と白のコンテナクレーンが林立し、大小の船がせわしげに港内をいきかう。ダイナミックな力を感じさせる港町だ。

これまで旅してきたソウル、安東、全州はいずれも海から離れた内陸の町であったので、大きな海洋に面して、あけっぴろげな釜山の町はことのほか新鮮で迫力があった。


そもそも釜山という土地は、六〇〇年くらい昔は「富山浦」とよばれる小さな漁港にすぎなかった。町の中心も、山側の東莱《トンネ》というところで、古くからいい温泉が出るところで知られていた。名前が「釜山」と改められたのは一六世紀ごろで、近くの山の

上は釜山タワー。下は、タワーの眼下にひろがる釜山港。世界に開かれた港だ

形が鉄釜に似ているところから、といわれている。

豊臣秀吉による朝鮮侵略、文禄・慶長の役（朝鮮側のいう壬辰《イムジン》・丁酉《チョンユ》の倭乱《ウェラン》、一五九二〜一五九八年）で一五九二年に秀吉軍がここに上陸した歴史をもつが、その後はずっと目立たない漁港として細々とやってきた。

それが、アジアの歴史の舞台に一躍おどり出たのは、一八七六年に日本の圧力によって釜山が外国へ向けて開港させられたときである。釜山には、それまで禁制となっていた西洋の文物が流れ込み、埋め立てや港湾施設の充実によって、近代的な港として整備され、どんどん発展していった。

釜山の人口も、一九二五年の七万人が一九四五年には二八万人までに増えた。そして、一九五〇年に勃発した朝鮮戦争のなかで、南の臨時政府がおかれた釜山に数十万人の避難民が集まった。このため、いま釜山市を構成する住民の内訳は、昔からの市民二〇％、北朝鮮からの避難民二五％、慶尚《キョンサ》南北道出身者二五％、全羅《チョルラ》南北道出身者二〇％、そして流動人口一〇％となっているという。

一九五五年に、人口はついに一〇〇万人の大台に達し、その後の高度成長によって一九七二年には二〇〇万人、そして二〇〇七年には三六〇万人と、韓国第二の都市にまで発展した。

✚✚✚✚✚✚

釜山タワーの展望台で、目を山側へうつすと、海岸から山すそへ向けて、家屋が立錘の余地もないほどびっしりと建ち並んでいる。しもたや風の木造家屋はほとんどなく、四、五階建ての商業ビルやアパート、マンションの群れのなかに、超高層ビルがそこかしこにポツン、ポツンと頭を出している。

どこまでもつづくビルまたビルを追っていくと、ソウルと同様に、山際まで団地住宅がせまり、斜面にまでそれがせりあがっているところもある。さすが、数百万の人口を擁する巨大都市だ。

上から見下ろせる各ビルの屋上を見やると、その床は緑色にぬられたものが多い。韓国人はグリーンの色あいを好むようである。

◆◆◆◆◆◆

釜山タワーの膝元にたつ海将・李舜臣像。ハングル文字を創始した世宗大王とともに「韓国の英雄」とされている

さて、釜山タワーの膝元ともいえるところに、黒い武将の銅像が遠方の海原を見すえてたっている。これは、壬辰倭乱のとき朝鮮水軍の海将として活躍した李舜臣《イスンシン》だ。

彼の銅像は、ソウルの官庁街である世宗路《セゾンロ》にもあり、ハングル文字を創始した世宗大王と共に、李舜臣はいまの韓国にあって「国民的英雄」の地位を得ている。

李舜臣は、一五四五年三月八日に父・李貞《イジョン》の三男としてソウル（当時は「漢城」とよばれていた）で生まれた。すぐ上の兄の名が「尭臣」で、いわゆる「尭舜《ぎょうしゅん》の治」

で有名な中国の伝説上の帝王の名前から一字とって名付けられている。

彼は幼いころからあばれん坊だったといわれ、エリート宮廷官吏になる「文班」ではなく、武人のリーダーとなる「武班」の科挙試験を受けた。はじめての試験では落馬して不合格となり、三一歳のとき再度の挑戦でようやく合格したというから、若い時代はそれほど傑出した存在ではなかったようだ。

しかし、時代の風運が彼を武将として大きく成長させるチャンスを与えた。一五九一年、つまり日本の秀吉軍が攻めこんでくる前年に、李舜臣は当時「右議政」（副首相）に出世していた幼なじみの柳成龍《ユソンヨン》によって、「全羅左水使」（全羅道の水軍司令官）の地位を得たのだ。李舜臣、四六歳のときである。

一五九二年四月、天下統一をなしとげた豊臣秀吉は諸大名を動員して、一五万の軍勢で突如として朝鮮を攻撃した。この出兵の理由については諸説あるが、「天下統一後の内部矛盾である大名の不満を、領地の拡大によって解消することを策した」（梶村秀樹『朝鮮史』）ためといわれている。

不意をつかれた「壬辰倭乱」の勃発。日本軍との緒戦で慶尚道の水軍が壊滅したことから、李舜臣は残存の水軍を結集して、日本軍の輸送船を波状的に攻撃する作戦に出た。これに苦しんだ日本水軍は、李舜臣をつぶそうと進撃してきたが、彼はおとりをつかって敵を潮流の激しい海峡におびきよせて、大勝利をかちとった（閑山島《ハンサンド》の海戦）。このとき李舜臣がつかった「亀甲船《コブクソン》」（まるい亀の形をした、一部鉄甲張りの戦艦で、鉄甲の下から鉄砲を撃った）が威力を発揮した。

風光明媚な統営の港。南望山公園からは、李舜臣が何度も日本水軍と戦って勝利した海域が眺められる

こうした功績によって、李舜臣は翌年「三道水軍統制使」（慶尚道、全羅道、忠清道の水軍を統轄する司令官）に出世した。

一方、陸上の戦いでは日本軍が朝鮮軍を圧倒し、破竹の勢いでソウルを占領したあと、半島を北上して豆満江方面にまで進出した。ときの国王・宣祖《ソンジョ》はソウルをすてて義州《ウィジュ》へ逃げ、そこで明の援軍に助けられた。中国人の将軍・李《リ》如松《ルースン》ひきいる明軍は、日本軍を平壌《ピョンヤン》以南まで押し返し、戦線は膠着状態となった。

一五九七年、第二次の大攻勢（慶長の役）のため、秀吉が加藤清正を半島へ派遣する、との情報が朝鮮側に入り、宮廷は李舜臣に対し清正の上陸をねらって殺害するように命じた。しかし、彼はこれを日本軍のわなと見なして、独断で攻撃しなかった。

この命令無視に激怒した宮廷は、李舜臣をとらえて一度は死刑を宣告したが、大臣のとりなしでなんとか一命を許された。

そうこうしているうちに、朝鮮水軍は巨済島《コジュド》の海戦で大敗を喫し、主だった将軍がすべて戦死したため、李舜臣はふたたび「水軍統制使」（海軍司令官）に返り咲いた。彼は半島南岸の西寄りにある古今島《コグムド》を拠点として、明の水軍と共に日本軍と戦った。

さて、李舜臣が何度も日本水軍と戦闘をくり広げ、勝利をおさめた海域は、いま閑麗《ハルヨー》海上国立公園となっている。そのリアス式海岸が美しい海上公園の中心が、人口およそ一二万の統営《トンヨン》市だ。かつて朝鮮水軍の「統制営」(司令部)があったことにちなんで、「統営」と名付けられたという。

この李舜臣ゆかりの統営へは、釜山の地下鉄・二号線の沙上《ササン》駅前から長距離バスが出ており、今回わたしも二時間かけて統営の町を訪れた。「歴史の町」統営は、風光明眉な港町だった。

港に面する小高い丘にある南望山公園には、金色の李舜臣像がたっている。彼が大勝利をおさめた閑山島をはじめとする多島海の美しい眺め。この平和でおだやかな海で、およそ四〇〇年前に日本と朝鮮の水軍が死闘をくり広げたとは、とうてい信じられない。

統営を代表する食べものは「忠武《チュンム》」(李舜臣が死んだあとに贈られた諡《おくりな》)キムパップ」というが、わたしには地元の小さな食堂で食べたカキ鍋の美味が忘れがたい。

一五九八年、この戦争の張本人である秀吉が病死し、日本軍に退却命令が出された。このとき海路を撤退しようとする日本軍を水軍で追撃した李舜臣は、夜半の激しい混戦のなかで戦死した。享年五三、卓越した海将として日本人と運命を切り結んだ波乱の一生であった。

3 合格祈願のアジュンマ軍団と「チング」の正体
～なぜ仏教の寺は山の中にあるのか～

今回の釜山《プサン》の旅では、宿を西面《ソミョン》にとった。かつての釜山は、映画街のBIFF広場や、チャガルチ市場、国際市場、釜山タワーなどがある海側の南浦洞《ナンポンドン》エリアが中心的な繁華街であったが、二一世紀に入ったころから、それがすこし内陸よりの西面エリアに移っている。

とにかく西面がいいのは、釜山市を縦断する地下鉄・一号線と、町を横断する地下鉄・二号線が西面駅で交わっているので、釜山の主だったところならどこでも乗り換えなしにいけることだ。

ソウルの地下鉄は、東京と同様に路線が何本も錯綜して走り、目的地へいくのに二、三度乗り換えなければならない。一方、釜山はどこへでも地下鉄一本でいけることが大きな魅力であり、「だから、わたしはソウルよりも釜山が好きヨ！」という〝釜山リピーター〟の日本人女性が最近増えているという。

また、西面の街は有名なロッテデパートとロッテホテルを中心に、地下街を含めて今風な小ぎれいな店が密集していて、買い物にはたいそう便利だ。そして同時に、駅の周囲に大衆的な食堂があり、また歓楽街のすぐ近くに機器の部品や工具が店内にあふれる昔風の工具店がズラーッと並ぶ一角もあって、庶民的な雰囲気が流れているところもいい。

◗◗◗◗◗◗

さて、気持ちのいい秋晴れの一日を利用して、釜山郊外にある梵魚寺《ポモサ》を訪れることにした。西面駅から地下鉄・一号線に乗って北上し、終点の老圃《ノッポ》駅よりひとつ前の梵魚寺駅でおりる。所要時間、およそ二〇分。

韓国の地下鉄は深度がふかい。一〇〇段もの階段を、えっちらおっちらのぼって、ようやく地上に出た。出口からほんの数分歩いたところに、お寺へのバス乗り場があってよかった。ところが、梵魚寺行きの九〇番のバスは、おどろいたことに中年のアジュンマ（おばさん）でいっぱいだった。〈今日は平日なのに、なんでこんなにこんでいるんだろう……〉といぶかしく思いながら、つり皮につかまって、山道を走るバスの窓から秋の景色を眺めた。一〇分ほどのドライブで山門前の停留所につく。

バスからアジュンマ軍団がドッと出て、境内への長い参道をのぼりはじめた。わたしはその軍団の迫力に気圧《けお》されて、彼女たちの後ろ姿をただ茫然と見送るだけだったが、そのとき運よく参道脇の案内所を見つけた。

中に入って話をきくと（日本語が通じた）、このお寺についての説明が日本語できけるガイド機を無料で借りられるという。さすが観光に力をいれる韓国！　さっそくイアホンを耳にさしこみ、スタートのボタンを押した。

✚✚✚✚✚✚

インド伝来の仏教は、韓国が北の高句麗《コグリョ》、東南の新羅《シルラ》、そして西南の百済《ペクチェ》とわかれていた「三国時代」（?～六六八年）に、最初高句麗に伝えられた。それから、百済、新羅と広がり、三国が新羅によって統一された「統一新羅時代」（六六八～九一八年）には、国教のようになった。

　この統一新羅時代に梵魚寺は創建されたというから、歴史がたいそう古い。寺の名前に「魚」が入っているのは、当時この地にきれいな清水の湧き出る大きな岩があり、そこに天から金魚が水遊びをしにおりてきた、という伝説によって「梵魚寺」という名前がついたから、という。

梵魚寺の入口に立つ一柱門。聖域と世俗の結界をあらわしている。重要文化財にあたる法物に指定されている

　寺の創建は統一新羅時代だが、前節でくわしくみた秀吉による文禄の役（「壬辰倭乱」）のとき、ここの僧兵が日本軍に激しく反攻したため、伽藍《がらん》の建物はすべて焼きはらわれた。現在残っているのは、一七一七年に再建されたもので、大雄殿（本堂）の左側にある三層石塔だけが、創建当時から今に伝えられているものだという。

◆◆◆◆◆◆

　参道をゆっくりのぼっていくと、ぬけるような青空をバックに、濃いオレンジ色があざやかな柿がたわわに実をつけて

釜山郊外の梵魚寺。紅葉の11月中旬、「修能」試験当日は母親が子供の合格を必死で祈る

いる。さらに、楓《かえで》の木がそこかしこにあり、真紅のモミジが目にしみるほど美しい。このいかにも秋らしい寺のたたずまいに、〈ああ、やっぱり釜山に来てよかったナー……〉としみじみ思った。

さて、紅葉の深い感動を胸に、参道をのぼりつめて本殿に達すると、そこには信じられない光景があった。

数百人におよぶアジュンマたちが、本殿とすぐ隣の観音堂をうめつくし、四十年配のグレーの僧衣に身を包んだ男僧が打つ木魚と読経に合わせて、一心不乱に唱和しているのだ。あつまった信徒の数が多いので、寺は堂の前に厚手のビニール製のテントをいくつも張り、地面に敷いた板の上に座ぶとんを並べて、すわれるようにしている。

それでもおくれてすわりきれず、数珠を手にして立っている信徒の人に小声でたずねてみると、今日は韓国全土で「修能」とよばれる、大学入学のための全国共通テストが実施されているという。日本では、「大学入試センター試験」は寒い一月に行なわれているが、韓国では紅葉の一一月中旬なのだ。

それにしても、正座して読経（ハングル文字で書いてある）をつづけるアジュンマたちの表情は、真剣そのものだ。韓国ではかつて、子供の教育や進学に熱心なお母さん方を「チマパラム」(スカートのまきおこす風)とよんだというが、この梵魚寺の境内の様子をじっさいに見ると、韓国社会での「学歴」がもつ重さがハンパでないことがわかる。

また、アジュンマたちの信仰が息子や娘の「志願大学・合格」というもろ現世利益と直結しているところに、韓国人のしたたかな実利主義も見てとれるように思われた。

◗◗◗◗◗◗

ところで、韓国のお寺を訪れるたびに、いつも心にひっかかる疑問がある。それは、有名な慶州《キョンジュ》の仏国寺《プルグゥサ》にしても、高麗大蔵経の彫板で世界遺産にもなっている海印寺《ヘインサ》にしても、そしてここ梵魚寺にしても、韓国のほとんどすべての仏教寺院が山の中にあることだ。

日本では、昔から「門前市をなす」という言葉もあり、仏教のお寺は平地の一般民衆が住むところに建てられて、そのお寺を中心に町ができることもままあった。今の日本でも、お寺は町内のそこここにある。

しかし、現在の韓国でどこの町や村を歩き回っても、人家のあるところで仏教の寺をみかけることは、ほとんどまったくない。

前述したように、統一新羅時代と高麗時代(九三六〜一三九二年)には、仏教は国王によって「国教」同様のあつかいを受け、各地にりっぱなお寺が建立されて、一一世紀のはじめには六〇年の歳月と厖大なエネルギーをついやして「高麗大蔵経」の彫板を完成させているにもかかわらず、である。

この原因をいろいろ調べてみると、どうやら高麗王朝から李氏朝鮮王朝へ交替したことが、韓国における仏教の運命を根本から変えたようだ。

つまり、本書第三章でくわしく見たように、高麗朝をほろぼし、朝鮮王朝を樹立した武人・李《イ》成桂《ソンゲ》は、自らを擁立した鄭《チョン》 道《ド》伝《ジョン》といった儒者たちの意見を聞いて、「抑仏・反仏」の政策を打ち出したのだ。これは、動乱の明治維新のときの日本で「排仏毀釈運動」が起こったことに少し似ている。

李氏朝鮮王朝が導入した朱子学は、儒家の思想のなかでもたいそう整然とした理論的体系をもち、イデオロギー性がつよかったことから、古い仏教に理論闘争をいどんだ。

この儒教へ、儒教へとの潮流のなかで、仏教は徹底的に排撃され、お寺はどんどん山中へ追いあげられて、ついに僧侶も賎民の地位にまで落としめられてしまったのである。

✚ ✚ ✚ ✚ ✚ ✚

さて、梵魚寺を見学したあとに、地下鉄・一号線で西面駅までもどり、そこで二号線に乗りかえて、東義大《トンウィデ》駅まで行った。韓国の地下駅には、その近くにある大学の名前がつけられていることが多い。釜山では、「釜山大《デ》学前《ハックアップ》」、「教育大《キョユクデ》」、「釜《プ》慶 大《ギョンデ》」といった駅名があり、これはやはり「学問の国」韓国の伝統からであろうか。

今回、釜山の名門・東義大学に足を向けたのは、わたしが教えているAPU（立命館アジア太平洋大学）の名物教授・金賛曾《キムチャンホエ》先生のゼミが東義大の日語・日文学科の学生と交流会をやるということなので、ちょっと顔をだしてみようと思ったからだ。

東義大駅の長い階段をがんばってあがり、地上にでると大勢の女子高生が群がっていた。ちょうど授業がおわったのだろう。日本とちがって、スカートの丈が長い。

彼女たちに、「東義大はどこですか」ときいたら、「この大通りをまっすぐ！」とのこと。それで、そのバス通りにそって歩いていくと、かなり急な坂道に出た。そこで、ふたたび今度は大学生風の青年にたずねると、「この坂の上の方です」という。

この答えを耳にして、正直目の前が真っ暗になった。〈またか……〉という思いである。韓国の大学というのは、どうしたわけか、山の斜面に校舎が建っているところが少なくないのだ。

釜山の国立大学である釜山大学しかり、また医学部をもつ総合大学として有名な私立の東亜《トンア》大学しかり。どこもキャンパス内を移動するのに、たいへんな苦労をしいられる。

目の前にせり上がった急勾配の坂を、必死の思いでのぼりにのぼり、めざす「人文科・二号館」にたどりついたときは、全身から滝のような汗。おりからのつめたい強風にあおられて、ホテルに帰ったときには熱が出るカゼひきとあいなった。（あとでわかったことだが、東義大駅と東義大キャンパスのあいだには、無料のシャトルバスが走っている！）

交流会では、まず金教授が古代からの日韓交流史についての記念講演を行ない、そのあと金ゼミの学生たちが五つのグループに分かれてプレゼン（発表）をした。

それから、それぞれのグループに韓国人学生が加わって、一〇人ぐらいずつでグループ討論。

韓国人学生たちの日本語レベルは、思った以上に高い。なかには、「いま、これを読んでいるところです」といって、東野圭吾のぶ厚い『白夜行』の文庫本を見せてくれた女子学生もいた。

どのグループもけっこう盛りあがったディスカッションのあと、場所を学内の教員食堂にうつして、いっしょに夕食をとることになった。東義大の受け入れ姿勢は、おどろくほど心がこもっており、夕食会には学科長自らわざわざ出席して、挨拶までしてくださった。

にぎやかに談笑しながら食事をしている日韓の学生たちを見ていると、同世代の若者としてファッションも似ているし、姿かたちもほとんど見分けがつかないほどだ。

しかし、ここでお互いが同じような考えや感じ方で毎日をすごしている、と思ったら、双方大きな落とし穴にはまることになる。日本と韓国は一衣帯水《いちいたいすい》の隣国であることはまちがいないが、それぞれまったくちがった歴史を生き、知れば知るほど異なる文化をもった民族同士であることを、決して忘れるわけにはいかない。

◆◆◆◆◆

たとえばの話として、この交流会で出会った日本人の学生と韓国人の学生が友達になって、それ以後付き合いをはじめたとしよう。韓国語で友人を「チング」というが、韓国人の学生が相手の日本人を、韓国人のチングと同じように考えて、付き合いをすすめたら、とまどいや困惑に直面する可能性が小さくない。

つまり、韓国人にとっての「チング」と、日本人にとっての「友達」というのは、英語に訳すと同じ〝friend〟になってしまうが、その意味する内容、内実というのは、大きく異なっているのだ。

わたしは、この「チング」と「友達」がどれぐらい違うのかを明らかにしたいと思い、APUの日本人学生五〇人（男二五人、女二五人）と韓国人学生五〇人（男二五人、女二五人）を対象にして、アンケート調査を行なったことがある（拙著『アジア人との正しい付き合い方』）。

このアンケートのなかで、日韓の学生たちに「あなたは同性の友達（チング）といっしょに歩くとき、手をつなぎますか」ときいたところ、日本人は「Aつなぐ二％、Bときどきつなぐ八％、Cつながない九〇％」だが、韓国人は「Aつなぐ一二％、Bときどきつなぐ二六％、Cつながない六二％」だった。

韓国人のほうが手をつないで歩く割合がかなり多いのがわかるが、とくに韓国人の女性にしぼってみると、「Aつなぐ二四％、Bときどきつなぐ五〇％、Cつながない二四％」で、「つながない人」は四人に一人だけだった。

わたしの大学（学生の半数が外国人）で韓国人学生と友達になったある日本人女子学生が、「いっしょに歩いた時、手をとられてすっごくおどろいた」というのを聞いたことがある。また、「同性の友達（チング）があなたのアパート（部屋）にきて泊まるとき、同じベッドで寝ることがありますか」

釜山の名門・東義大学。校舎は山の斜面に建っていて、キャンパス内の移動にはひと苦労する

という質問には、日本人が「Aある三四％、Bときどきある二二％、Cない四四％」なのに対し、韓国人は「Aある五六％、Bときどきある二〇％、Cない二四％」だった。

いっしょにベッドで寝ない人が、日本人で四四％、韓国人で二四％と、かなりの差がでているが、この数字をみてわたしはある在日の韓国人女子学生の話を思い出した。

彼女は、「わたしのアパートにはよく友人が泊まりに来るんですが、これまでの経験から、相手が韓国人の場合はふたりで同じベッドに寝ることにし、相手が日本人の友達の場合は、彼女をベッドに寝かし、わたしは床にマットレスを敷いて寝ることにしています」といっていた。

つまり、手をつなぐにしても、同じベッドで寝るにしても、韓国人のほうが友達（チング）との「身体距離」を短くして、より親しくなろうとする傾向がつよいわけである。

●　●　●　●　●　●

それから、「あなたは友達（チング）と食事をするとき、支払いをどうしますか」と質問すると、日本人が「Aおごる四％、Bときどきおごる二八％、C割り勘六八％」なのに対し、韓国人は「Aおごる四％、Bときどきおごる七〇％、C割り勘二六％」だった。日本人の約七割が「割り勘派」、一方韓国人の七割は「ときどきおごる派」と、対照的な結果となっている。

韓国では「各自負担」あるいは「ダッチペイ」と呼ばれる割り勘。最近、韓国の若者のあいだで少しずつ広まっているというが、一般には評判がわるく、韓国人が日本人をこきおろすとき「割り勘の日本人」というらしい。韓国人にとっては、「おごられたら、おごり返す」のが友人関係で、いちいち割り勘をしなくても回りもちでおごればトントンになる、という考え。日本にいって、友人同士なのに食事のたびに電卓で細かく計算して割り勘をする日本人を見ると、違和感をもつ韓国人が多いようだ。

これと関連して、「あなたが財布を忘れて、お金がないとき、昼食代を気軽に友達（チング）に貸してもらいますか」と問うと、日本人は「Aそうする六二%、Bあまりしない二六%、Cそうしない一二%」で、韓国人は「Aそうする九二%、Bあまりしない八%、Cそうしない〇%」だった。韓国人では九割強の圧倒的多数が「昼食代を気軽にチングに貸してもらう」と答えているのに対し、日本人では四割弱が「あまりしない、そうしない」としている。

おごるか割り勘にするかにしても、昼食代を友達（チング）に気軽に借りようとするかにしても、友達（チング）に対する日韓の基本的な見方・考え方の違いが出ているように思える。

つまり、韓国人はおおむね相手の負担を背負ってこそチングであり、相手に迷惑をかけてこそチングだ、と考える。これに対して、日本人のほうは「相手が友達でも、できるだけ迷惑や負担をかけたくない」と考えるわけである。

このチング観と友達観のへだたりは大きく、韓国人と日本人が個人的につき合う上で、とくに誤解が生じやすいところ、といえよう。

✚✚✚✚✚✚

さらに、「あなたは友達（チング）のアパート（部屋）に行ったとき、友達（チング）にことわらずに冷蔵庫をあけることがありますか」との質問には、日本人が「Aある二〇%、Bときどきある一四%、Cない六六%」と答えたのに対し、韓国人は「Aある六〇%、Bときどきある二〇%、C二〇%」であった。冷蔵庫を相手にことわらずにあけることが、「ある、ときどきある」人が韓国人で八割もおり、一方日本人ではそういうことをしない人が七割弱であるというのも、日本人と韓国人の友人観のちがいを表している。

日本人にしていみれば、「いくら友達でも、あまりに馴れなれしくて、礼儀知らず」と思うわけだが、韓国人の方は「お互いにチングなんだから、無礼講なのが当たり前」と考える。

ここらへんの事情を、韓国で教師をながくしていた水野俊平氏は、「日本では『親しき仲にも礼儀あり』(友だちでも守るべき礼儀は守るべき)と考えるのに対して、韓国では『親しき仲なら礼儀なし』(友だちなら他人行義にすべきではない)と考えるのです」とたくみに説明している(『韓国の若者を知りたい』)。

これもわたしの大学の在日韓国人学生が指摘していることだが、日本人の学生と韓国人の学生がつき合いだして、よく日本人が怒るのは「韓国人には礼儀がない」とおもってしまうことからだという。

一方、韓国人が日本人に対して怒るのは、自分との問題があってもめているときに、別の友だち(チング)に相談をすることだ。これは、韓国人には「情がない」と感じられ、その日本人のチングに裏切られたような気持ちになって、とても腹が立つそうだ。

最後に、「あなたは友達（チング）と、お互いの秘密について話し合いますか」という質問をすると、日本人は「Aよくする一六％、Bときどきする七六％、Cしない八％」だったが、韓国人は「Aよくする四二％、Bときどきする五六％、Cしない二％」だった。

また、「あなたは友達（チング）の大学の成績について、どのくらい知っていますか」という問いには、日本人が「Aすべて知っている二％、Bだいたい知っている四二％、C知らない五六％」なのに対し、韓国人は「Aすべて知っている六％、Bだいたい知っている八六％、C知らない八％」であった。

韓国人の友人同士の四二％がお互いの秘密についてよく話し合っており（日本人の場合一六％のみ）、そして友人の大学の成績について韓国人の八六％が「だいたい知っている」のに対し、日本人の五六％が「知らない」と回答している。このことから、日本人と韓国人で友人間のプライベートな事柄についての考え方にも、かなり大きなひらきがあることがわかる。

つまり、韓国人は相手のプライベートなことにつよい関心をよせ、お互いにそれを知らせ合うことで友情を深めようとするのに対し、日本人は相手がたとえ親しい友人であっても、自分のプライベートなことをおしえたり、相手のそれを強いてきいたりしようとはしない傾向があるわけだ。

ここらへんから、韓国人がよくいう「日本人は冷たい。ふたりの間に壁をつくる」との誤解が生まれてくるのだろう。

以上のことから、日本人の「友達」と韓国人の「チング」のあり方には、相当なちがいがあることがわかる。

日本人は、いくら親しい友達でも、相手に迷惑や負担をかけないように、一定程度の距離をもって付き合おうとする。金銭関係も含めてお互いに無理なく付き合うことが、友達の関係を五年、十年と長つづきさせることにつながると、考える。

これに対して、韓国人はチングに対する「情」がつよく、相手ととことん付き合おうとする。韓国人は付き合いのなかで、チングとの距離をできるだけ小さくしようとし、お互いの秘密を明かし合って、いわゆる他人行儀でない関係こそが本当のチングだ、と考えるわけだ。

友達（チング）を思う気持ちにおいては、日本人も韓国人も同じなのだろうが、その表現のしかたがそれぞれの文化によってちがっている。

これから日本人の学生と韓国人の学生が知り合い、こうした文化のちがいから仲たがいをするかもしれない。しかし、付き合いの上で摩擦や衝突があったとしても、そこで完全に決裂・断交してしまうのではなく、お互いにひと息いれて〈これは、ひょっとすると文化のちがいからでは……〉と、相手の立場に立って考えてみる。

このような地道な努力を双方が積み重ねて、日本人と韓国人のいい友達（チング）関係が生まれたらどんなにすばらしいことか。そう思いながら、夕闇せまる東義《トンウィ》大学をあとにしたのだった。

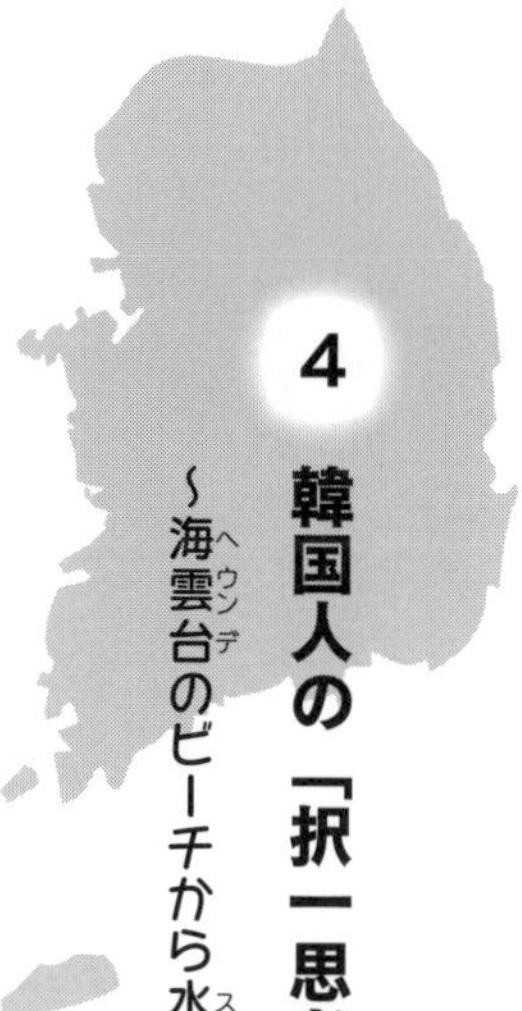

4 韓国人の「択一思考」とキリスト教の広がり

～海雲台《ヘウンデ》のビーチから水営《スヨン》路の巨大教会へ～

韓国を代表する推理小説作家・金聖鐘《キムソンジョン》氏はかつてこう語ったことがある。

「ソウルにいて、ラッシュアワーにぶつかる。すると、どこか自分は世の中から取り残されているというか、たまらない違和感があった。その点、釜山《プサン》は海も港もあるし、港町特有の混沌とした感じも好ましかった」（「ＡＥＲＡ」）。金氏は二〇年暮らしたソウルから、あえて釜山に居を移している。

たしかに、ソウルには「経済発展」という単一の国家目標をめざして、人々をひとつの方向に囲い込んでいくような独特の雰囲気がある。それに対して、釜山の町を歩き回っていると、海のにおいが混じった猥雑《わいざつ》な空気と、混沌《カオス》に満ちた田舎臭いエネルギーを感じることができる。

釜山はやはり、外の世界に向かって開かれた港として、つねにいろいろな物が流れ込み、同時に朝鮮戦争の大動乱のなかで北からも南からも逃げ込んできてここに定着した種々雑多な人々が、日々を生きぬくために必死でつくり上げたカオスの都市《まち》なのである。

海雲台のビーチ。かつての景勝地も、近年新興の住宅地として発展し、高級マンションが林立するようになった

ある晴れた日曜日、その「釜山の海」をじっくり見るために、海雲台《ヘウンデ》海岸へ行ってみようと思い立った。日本で、釜山出身の韓国人の友達に、「海雲台はいいところですヨ」と勧められたことがあったからだ。

例によって、西面《ソミョン》駅から地下鉄・二号線に乗り、東へおよそ二〇分走って、海雲台駅に着いた。地上へ出て、あたりをうかがうと、周辺はビルが林立していて、どこにも海が見えない。

〈何だ、これは……〉と、なにかキツネにつままれたような気持ちで、とにかく山と反対の方向に歩いていった。すると、五分ほどで海雲台のビーチが現れた。たしかに「海」も「雲」もあるが、浜は思ったより小さく、高層のホテルも建っていて、海の解放感がない。

はだしになって砂浜をすすんでいくと、ようやく海らしい風景が眼前に広がってきた。一〇〇羽以上のカモメが、一団をなして日なたぼっこを楽しんでいる。と、その時、高い波がきて、鳥たちはいっせいに空へ舞いあがった。

うしろが何か騒がしくなったので、振り返ると、黄色の制服を着た幼稚園児が大勢やって来た。若い女性の先生が、四、五人引率でいっしょだ。

きけば、海雲台は近年新興の住宅地として発展し、高級マンションもたくさん建つようになっているという。先生からわたされたカッパエビセンをカモメにやっている幼稚園児たちを見ると、子供にしてはすこし元気が足りないように思われた。

✚✚✚✚✚✚

さて、釜山の地下鉄に乗るたびに思うことがある。それは他でもない、車内で本を読んでいる乗客がほとんどいないことだ。〈これでは、「学問の国」が泣くではないか〉といつも残念に思うのだが、たまに若い人が熱心に読書をしている姿を見かけることがある。めずらしいので、〈どんな本を読んでいるんだろう〉と好奇心からのぞいてみると、たいがいがキリスト教の聖書である。

韓国の町から町、村から村を旅して、誰しもまず最初に気がつくのは、キリスト教会がどこに行ってもあることだろう。夜、十字架の赤いネオンがそこここに輝く風景も、韓国ならではである。二〇〇五年に韓国で行なわれた宗教調査によれば、韓国の総人口（四七二八万人）のうち、一八・三％の人がプロテスタントの信者で、これに一〇・九％のカトリックを加えると、およそ三割の国民がキリスト教を信じているという（浅井雅一・安延苑『韓国とキリスト教』より）。

そこで、今回韓国の友人に紹介された「水営路《スヨンロ》教会」を訪れることにした。「海雲台駅からタクシーで行くといいですヨ」とのことだったので、タクシーをひろった。

くだんの水営路教会に着いて、おどろいた。それは教会というよりは、なにか大きな講会堂のような建物で、制服を着た一〇人ぐらいの係員が信者の車の誘導を必死になってやっている。今日は日曜日。釜山の市民の人たちといっしょに中に入ると、ここでも、場内整理の係員が何人もいて、「四階へ！」と指示している。階段をハーハーいってあがったら、入口に立った中年の女性が口元をゆるめて手招きをした。

大きな扉の入口から会場に入って、目を見張った。巨大なコンサート・ホールのようなところに、一階席と上階席（サークル）が設けられてあり、それぞれ千人ぐらいの信者がびっしりすわって、牧師の説教をきいている。

こうした規模の大きい教会（信徒が一万人をこえる）を「メガ・チャーチ（大型教会）」というそうで、世界でもその多くが韓国にあるらしい。いちばん有名なメガ・チャーチはソウルにある「ヨイド純福音教会」で、所属の信者は七五万人を数えるというから驚きだ。

牧師は五十年配の男性で、一階奥のステージに置かれた大テーブルのうしろにすわって、二本のマイクで話している。牧師の背後の壁面には、大スクリーンが設置され、彼の表情が大写しで見られるしかけになっている。

彼は縦縞の入った黒の上着に赤いネクタイ、めがねをかけて一見学者のような感じだが、その説教は「さすが韓国人！」と思わせるほど雄弁だ。メモを見ずに、熱のこもった身振り手振りのゼェスチャーで、マイクをたたいてしまう一幕もあった。

この牧師には明るいスポットライトが当てられていて、あたかも人気のあるスターのようだ。

じっさい、一九八〇年あたりからこうした牧師の説教が、人々から賞賛されるようになり、カリスマ性をもつ牧師の魅力にひかれて入信する人も多くなったという。

説教をきく会衆はというと、若い人から中年、お年寄りまで、老若男女がまんべんなく集まり、小さい子供をつれた若い夫婦もけっこういる。ヨーロッパの教会の日曜ミサでは、会衆の八～九割までが六十代、七十代の老人で占められているのとは、まことに対照的である。

信者の人たちの様子を見ていると、自分で持ってきた分厚い聖書をひろげて話をきいている人もかなり多い。わたしがすわった上階の席はおおむね静かだが、一階席の前方に陣取った数百人の信者たちは、説明の節目、節目で「アーメン（異議なし）！」と大きな声で唱和している。

海雲台にある水営路教会。1000 人以上が入れるメガ・チャーチ

一時間以上にわたる牧師の熱弁の説教がおわったところで、会場いや教会の全信者が祈りを捧げた。そして、牧師が退席し、全員で讃美歌をうたったあと、男性のテノール歌手が登場した。彼が宗教曲をろうろうと歌うと、今度は二十人編成のオーケストラが現れた。指揮者がタクトを振って演奏し、それに合わせて背後にすわっている百人位の合唱団（ピンクのローブを着た中高年の男女）が讃美歌を数曲うたいあげた。

この讃美歌のあと、二つの大スクリーンに「NEWS」の文字が大きく浮かびあがった。この教会の信者が最近行なった活動を、映像で紹介、報告するわけだ。こうしたビデオを週ごとに制作しているというのはスゴイ。

正午ちょっと前に、ミサのすべてのスケジュールが終わった。信者たちは静かに立って、順序よく通路へ向かう。わたしもキリスト教の善男善女とともに教会を出たが、外は家路を急ぐ車で大混乱をきたしていた。

◆◆◆◆◆◆

そうそう、キリスト教といえば、釜山の地下鉄駅で一度思いがけない出来事があった。ホームで電車を待っていたとき、八十歳ぐらいのハラボジ（おじいさん）が「日本人ですか？」と、日本語で話しかけてきたのだ。

「そうです」と答えると、「わたしは大正一五年生まれなんですヨ」という。わたしの死んだ母も大正一五年、つまり昭和元年生まれなので、そのことを話した。すると、急にお互いの垣根がとれたようになり、旧知の如くいろいろ話がはずんだ。

明晰な頭脳と流暢な日本語。〈「日帝時代」が終わってもう七〇年にもなるのに……〉と思い、「日本語、よく忘れませんネ～」といったら、「今も日本語の本を読んでいます。ハングルの本より、日本語の方がはやく読めるんですヨ」とのこと。

それで、たまたま持っていた日本の新聞をプレゼントすると、好々爺《こうこうや》の笑顔になった。別れ際に、「いまいちばん楽しいことは何ですか？」とたずねたら、意外な答えが返ってきた。

「そうですね〜。韓国語でキリスト教関係の本をゆっくり読むことですナ」。

● ● ● ● ● ●

いま韓国では、キリスト教徒がどんどん増えて、わたしが教えている大学（APU。立命館アジア太平洋大学）の韓国人学生のあいだでも、日曜日に別府や大分の教会に足を運ぶ人が少なくない。こうした現象をちょっと見ると、これが若者を中心とした欧米志向ではやりの「キリスト教ブーム」のように思われるけれど、じつは韓国のキリスト教は思いのほか古い歴史をもっているのだ。

一八世紀の後半に入ったあたりから、李氏朝鮮王朝の体制が揺らぎはじめ、政権から疎外された下級知識層のあいだで、現状を改革する新しい考え方を求める動きが出てきた。

彼らは一七七〇年ごろ天主教（カトリック）の教理を研究する会をつくり、政府の中国派遣使節に加わった仲間の李《イ》承薫《スンフン》に、北京の教会を訪れて書籍や資料を持ち帰るようにたのんだ。

李は一七八四年、北京の教会で洗礼を受け、最初のカトリック信者となって帰国した。李は国で仲間たちに洗礼をほどこし、布教活動を精力的に行なった。その結果、李朝末期の社会不安を背景にして、一八〇〇年ごろには数千人の天主教信者を誇るまでになったといわれる。

こうしたキリスト教の浸透に危機感を持った宮廷は、一八〇一年に天主教の禁止令を出し、中国人司祭や韓国人受洗者三〇〇人を処刑した（辛酉《しんゆう》の獄）。

政府によるキリスト教弾圧はこの後もつづいたが、信仰の担い手がエリートの知識層から一般庶民にかわるとともに教勢が伸び、一八三〇年ごろには信者数がほぼ一万人を数えるほどになった。これにともない、ローマの教皇庁も一八三一年に独立した「朝鮮教区」をもうけ、三人のフランス人神父を派遣することを決めた。

さらに、一八〇〇年に英仏連合軍が北京を占領してから、宗主国の清が天主教を認めた影響もあって、朝鮮国内のキリスト教徒は着実に増えていった。

一九〇五年、日本と「保護条約」がむすばれ、李朝が実質的に主権を失ってから、これに憤ったキリスト教徒たちは抗日運動を組織しはじめた。これに対して日本の朝鮮総督府は、抗日の拠点になりつつあった黄海道《ファンヘド》の安岳《アンアク》で、教会指導層のおよそ一六〇人を検挙した。

日本の朝鮮植民地化のなかで、キリスト教会が抗日のひとつの根拠地となっていった。一九〇九年に奉天《ほうてん》（現在のハルビン）駅頭で伊藤博文を暗殺した、「民族の英雄」安重根《アンジュングン》も天主教信者であった。

✚✚✚✚✚✚

さて、韓国ではキリスト教のカトリック（旧教）を「天主教」といい、一方プロテスタント（新教）を「基督教」あるいは「改新教」と呼んでいる。

わたしが今回訪れた水営路《スヨンロ》教会は改新教の教会だったわけだが、この改新教の朝鮮半島への進出と宣教活動は一九世紀初めごろから行なわれるようになった。そして、一八八五年にアメリカ人のアンダーウッドが初の宣教師として仁川《インチョン》に到着し、北メソジスト教会もでき、アメリカ人宣教師を中心に病院経営や学校教育にも乗り出した。

改新教の教勢はしだいに天主教をしのぐようになり、これに危機感をいだいた日本の朝鮮総督府は「改新教徒が寺内総督の暗殺を計画した」として、大弾圧を行なった。これに反発した改新教徒は、一九一九年の「三《サ》・一《ミル》独立宣言書」に一六人の名を連ねて、抗日運動に積極的に参加した。一九二八年の信者数を見ると、天主教の五万六〇二六人に対して、改新教徒は二一万五七五三人までに増大している（柳東植『韓国のキリスト教』による。以下の統計数字も同じ）。

一九四五年、日本の敗戦によって朝鮮全土が解放され、日本統治下で破壊された各教団、教会施設が再建されていった。また、一九五〇年六月二五日に勃発した朝鮮戦争によって、北朝鮮にいた多数のキリスト教信者が南下し、韓国の改新教徒の数は飛躍的に伸びた。休戦協定が結ばれた一九五三年には、その数およそ五〇万人をこえたといわれる。

◆　◆　◆　◆　◆

北の「朝鮮民主主義人民共和国」とたもとを分かった韓国（大韓民国）の政府は、なによりも経済の立て直しに力をそそいだ。一九五〇年代には年平均四・四％の経済成長を維持し、六〇年代に入ると第一次および第二次の「経済五ヵ年計画」によって、八～一〇％の経済成長を達成した。

そして、「漢江《ハンガン》の奇跡」とも称せられる七〇年代の経済大発展期に突入していく。朴正熙《パクチョンヒ》大統領の強いリーダーシップの下、鉄鋼業、造船、自動車といった各分野の産業が力をつけて大きく成長し、農村から高収入の仕事がある都市部への人口移動が目立って増大した。

この急速な都市化現象のなかで、これまで何百年にもわたって韓国人が依拠し、しばられてきた大家族制度が音を立てて崩壊した。ソウルや釜山などに人口が集中し、そこでは核家族が社会の主流となっていった。

政府が立てた「一〇〇億米ドルの輸出と一人当たり国民所得が一〇〇〇米ドル」の目標はみごとに達成され、所得が大幅に増えた各家庭では、子供を男女にかかわらず大学へやることが両親の夢になった。

いわゆる「大衆社会」がこの七〇年代に韓国で出現し、人々は歴史始まって以来初めて「豊かな生活」を自分のものにしたわけである。

こうした経済の高度成長の下で進行した都市化、所得の大幅アップ、核家族化、高学歴化という一大潮流のなかで、韓国の社会は根こそぎ近代化されていった。

その結果、李氏朝鮮時代から人々がずっと守ってきた伝統的な儒教の考え方や生き方が、もうもたなくなった。早い話が、「女には教育はいらない」といったことを公の場ではもはや口には出せなくなったわけだ。

そして、この古い儒教の〝没落〟によって生じた心のスキマを埋めたのが、他ならぬキリスト教であった。一九六八年に韓国総人口の八・五％を占めるにすぎなかったキリスト教徒が、一九八一年にはなんと二三・五％まで急増したのだ。

この間に、伝統的な祖先祭祀に寛容な態度をとる天主教が二・四％から三・七％に増えたのに対し、祖先祭祀に否定的な改新教の場合、六・〇％が一九・八％へ三倍以上も増えたことも、この「世界の教会史においても稀な、驚くべき現象とされる韓国キリスト教の成長」（柳東植）の本質をはっきりと示しているように思われる。

◗　◗　◗　◗　◗

さて、韓国を旅して、〈あっ、これは韓国ならではで、日本にはないナー〉といつも思うことがある。それは他でもない、大都市の高級レストランから、大学の学食、田舎の小食堂まで、とにかく韓国人が食事をするところには必ず置かれている特別の給水機だ。

これがなぜ〝特別〟かというと、冷水が出る青の蛇口と熱湯が出るピンクの蛇口がどこでも常に並んで設置されているからだ。

わたしはこの韓国独特の給水機をひそかに「韓式熱・冷水給水機」と呼んでいつも愛用しているのだが、その横にはたいていステンレス製の消毒済み小コップをたくさんおさめた収納箱がある。そこからコップを出して冷水をそそぐと、それは氷のように冷たく、また隣のピンクの蛇口からは、金属製のコップを手でつかめないほどの熱湯がほとばしり出てくる。

冷たい水はどこまでも冷たく、熱いお湯はどこまでも熱い。この両極端が並んでいるところが、いかにも韓国らしいと思うのだ。

たしかに、韓国人の特徴といおうか、抜きがたい体質といおうか、白か黒か、つねにどちらか一方をとらずにはいられない「択一思考」があるように思われる。韓国人は、日本人のように白と黒のあいだの「灰色」でもよし、というようなあいまいな状態を容認することができないのだ。

わたしの大学（九州の別府にある）の韓国人学生が、休みの日に福岡へ遊びに行くと、けげんな顔をして帰ってくる。「どうしたの？」とたずねると、「福岡で『博多はどこですか？』ときいたら、『ここが博多だよ』といわれてしまった。一体どうなっているのか、まったく理解できない！」というわけだ。

日本人なら、同じ場所を「福岡」といったり、「博多」といったりしても、「まあ、そういうこともあるだろう」とそれほど違和感をもたないわけだが、韓国人にしてみれば、「どちらかひとつに統一してくれ！」ということになる。

こうした傾向は、韓国の歴史を見てもよくうかがえる。古代の三国時代、韓国人は土着のシャーマニズムを信仰していたわけだが、そこに中国を通して仏教が伝来してくると、いつのまにやらシャーマニズムはどこかへ押しやられてしまった。日本のように、土着の神と外来の仏をいっしょにして「神仏習合」にするといった〝折衷案〟は生まれなかったわけだ。

それから、前述したように、高麗朝が滅んで李氏朝鮮王朝の時代になると、今度は仏教が徹底的に排撃されて、お寺は山の奥へ追い上げられた。朝鮮王朝五百有余年は文字通り「儒教の天下」とあいなった。

そして、今の韓国社会の根こそぎの近代化のなかで、儒教はどんどん衰退し、土俵際まで追いつめられて、ついにキリスト教にとって代えられようとしている。

いってみれば、韓国人はそれまでの自己を否定しないと、前へは進めない人々なのである。

よく考えてみると、こうした韓国人の体質、特徴ともいえる「択一思考」は、現代世界を支配しつつあるコンピューターの原理たる「0／1　思考」と相通ずるところがある。

「0」か「1」で、「0・5」を決して認めないコンピューターのシステム。これが韓国人にとっては、たいそうぴったりして心地よいのであろう。いま世界の若者の間でいちばんの関心であるSNS（インターネット内での人との交流）にしても、韓国版「フェイスブック」たる「Cyworld」に登録している韓国人は、全人口の半分以上にもおよぶといわれる。

韓国ではパソコンの保有率がとても高く、その操作に習熟している人が多い。コンピューターがこわれても、自分で直せる人がけっこういるのも驚きだ。

欧米を中心に世界でもっとも信者数が多いキリスト教の目を見張るほどの広がり、そしてコンピューターの急速な普及とインターネットの浸透。どちらもグローバル化とIT化という二一世紀のメガトレンド（大潮流）にみごとに適応する動きだ。

韓国人のしたたかな現実主義がここでもよく現れているといえよう。

第5章

「神々の島」済州島《チェジュド》への旅

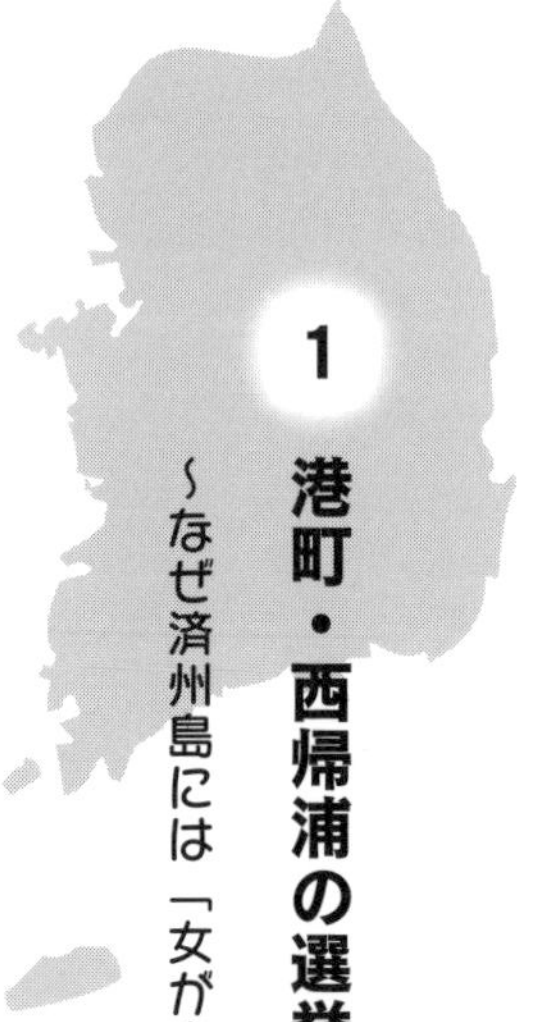

1
港町・西帰浦の選挙運動
〜なぜ済州島には「女が多い」のか〜

わたしの韓国〝探検〟の旅も、いよいよ最終局面に近づいた。〝有終の美〟を飾るべく、旅の目的地は美しい火山島・済州島《チェジュド》に決めた。そう、朝鮮半島南端からおよそ九〇キロ沖合いに浮かぶこの島は、約二〇〇万年前に火山の噴火によってできたといわれ、「火山島と溶岩洞窟群」として世界自然遺産にも登録されているのだ（二〇〇七年）。

済州島の広さは約一八四五平方キロ。韓国最大の島で、ラグビーのボールのような楕円形をしており、東西に細長い。南北四一キロ、東西七三キロで、島のぐるりの長さはおよそ二九〇キロというから、けっこうな大きさである。

島の中央部に鎮座する霊峰・漢拏《ハルラ》山《サン》は、標高一九五〇メートルと韓国一の高さを誇っている。

済州島は日本の高知や和歌山と同じ緯度に位置し、南部の西《ソ》帰浦《グィポ》市は二月でも平均気温が七・八度ある。この温暖な気候を利用して、ミカンなどの柑橘類の栽培がさかんで、島の経済発展のひとつの原動力となった。

また、「韓国のハワイ」と呼ばれていることからもわかるように、済州島は若い韓国人カップルのハネムーンのメッカでもある。「済州島」ときくと、新婚時代の甘い思い出に頬を染める韓国人中年夫婦も少なくないという。

近年は、観光開発がすすみ、人気の韓流《ハン》ドラマのロケ地として利用されることもある。今や、済州島は国内外の旅行客で一年中にぎわう一大国際観光地となっているわけである。

◗ ◗ ◗ ◗ ◗ ◗

さて、今回済州島を訪れるにあたって、日本からの航空運賃がかなり高くつくことがわかっていたので、まず釜山へ行き、そこから国内線（エアプサン）を利用することにした。

春まだ浅い三月三〇日の朝。釜山のホテルをチェックアウトして外へ出ると、つよい雨が路面を打っていた。〈ああ、ついてないナ……〉と心中おもいながら、タクシーに乗り込む。運転手のアジョシ（おじさん）に、「国内線飛行場《グネソン》」とハングルで書いてもらった紙片を見せると、「オーケー！」の大声《たいせい》がかえってきた。

空港は町からけっこう距離があった。釜山では、国内線と国際線が同じ場所にあるようだ。チェックイン・カウンターで搭乗手続きをしたとき、エアプサンがアセアナ航空の子会社らしいことがわかった。

済州島への中型の飛行機は、定刻より三〇分ぐらいおくれて離陸した。悪天候にもかかわらず、機内は満員だ。窓から外をみても、雨で何もみえない。

気分までしめりがちになる五〇分のフライトで、ただひとつ救われたのはエアプサンのCA（客室乗務員）だった。韓国人のCAといえば、みな判で押したように無愛想でとっつきにくいのだが、今回は乗務した三人とも終始ニコニコ顔だったのでおどろいた。ひょっとすると、「韓国のハワイアン」たる済州島の女性は半島の韓国人とちがって、元来愛想がいい人が多いのかもしれない。

エアプサンの中型機が着陸体制に入った。卵型の窓から外を見ても、お目当ての漢拏山《ハルラサン》はまったく姿をかくしている。ただ、「オルム」と呼ばれる小山が、あちらこちらに突き出ているのはわかった。

島の北部に位置する済州空港は、思ったより大きかった。国際便も飛んでいるので、乗降客が相当多いのだろう。まず案内所へ足を運んで、今日の宿がある西帰浦《ソグィポ》市へのバスをたずねた。六〇〇番のバスで、料金はけっこう安かった。

乗客が二〇人ぐらいになったころ、西帰浦行きの大型バスは発車した。生まれて初めての済州島。〈どんなところなのだろう〉と、興味津々、目をこらして外を見つめるが、雨がはげしく降って、すぐ窓ガラスがくもってしまう。

〈しつこい雨だナー〉とひとりごちながら、ふとマレー人のことわざを思い出した。それは、〝Langit tidak selaru cela!〟といい、直訳すると「空はいつも晴れてはいない」ということになる。人生、いつもいいことばかりではなく、ときには雨、雨、雨のこともある。でも、その雨をぐっところでいれば、またかならず晴天がもどってくる、という含意だ。

降りつづく雨で、心が沈んでいるうえに、二〇〜三〇分で目的地に着くとばかり思っていたバスが、止まる気配がまるでない。時刻も夕方五時をすぎ、あたりの風景も暗くてよく見えなくなった。

ひとり旅の心細さのなかで、ひさしぶりになんともいえない旅情が心を満たした。全然見ず知らずの土地を訪れるときに感じる、不安と期待のないまぜの心情である。

✚✚✚✚✚✚

西帰浦は、韓国最南端にある古くからの港町だ。人口一〇万程度の小ぢんまりしたところで、滝や奇岩の景勝地としても知られている。

人々があくせくしていない、のんびりとした地方の小さな町で、うまい海鮮料理でも味わいながら、ゆっくり済州島を歩いてみよう——そう思って、済州島滞在の根拠地を西帰浦に決めた。

宿は「リトル・フランス」という、ちょっと耳を疑うようなシャレた名前がついていた。フロントでカギをもらい、二階の指定された部屋に入って、驚いた。中央にデンと置かれたベッドが、たいそう大きかったからだ。

〈電話で部屋を予約したとき、まちがいなく「シングル・ルーム」といったはずなのに……〉

といぶかしく思ったとき、わたしの脳裡でひとつの考えが稲妻のようにひらめいた。

それは、これまで韓国のホテルに何十軒も泊まったけれど、日本のホテルにあるようなシングル・ベッドに寝たことが一度もない、という事実だった（釜山の日系ビジネスホテルにしても、セミダブルのベッドが使われていた）。

これは一体どういうことなのだろうか。まず思いつたのは、韓国では夫婦が日本のように別々の布団に寝るのではなく、皆ダブルの大きな布団でいっしょに寝ているということだ。このことは日本ではあまり知られていないようだが、日本人と結婚した韓国人女性が不満をいだくひとつの大きな原因となっているという。

また、前章でも詳しくみたように、韓国人のチング（友人）のあいだでは、男性同士あるいは女性同士であっても同じベッドで寝ることがごく自然に行なわれている。

おそらく、仲のよい若いチングがふたりで旅行するとき、ツインルームより料金が安いダブルベッド・ルームに泊まることが多いのだろう。

日本人にとって、ベッドや布団というものは一人で寝るのが基本だが、韓国人の場合、ベッドも布団もふたりで寝るのが基本になっていて、兄弟や姉妹でも同じ布団で毎晩寝ているケースが少なくないらしい。

◆◆◆◆◆

翌朝、くだんの大ダブルベッドで目が覚めると、室内に明るい光が射しこんでいた。前日のしつこい雨がまるでうそのような晴天である。やはり、旅はお天気しだい。この好天を十二分に利用しようと、有名な「正房爆布《チョンダンポポ》」へくり出した。

二三メートルの絶壁から、二筋《すじ》の水が海中の滝つぼに流れ落ちる正房爆布は李氏朝鮮王朝の時代から「瀛州十二景《ヨンジュ》」のひとつに数えられている。

「瀛州」とは、中国の秦の始皇帝から不老長寿の薬草を見つけるように命じられた除福が、目的達成のために訪れた土地の名前だ。それが実は済州島だったという伝説から、古来済州島は「瀛州」と呼ばれていた。

その瀛州たる済州島には、景色が美しいきわめつけの景勝地が一二ヵ所あって、正房瀑布はその一角を占めている、というわけだ。

宿のホテルからタクシーをひろい、一〇分ほどで滝が見られる海辺への入口に到着した。入場券を買って、細く急な坂道を下りていくと、ゴツゴツした岩場の浜に出た。

大小ふたつの水流が、豪快な音を立てて海水の滝つぼに落下している。誰しもなぜ海岸近くにこんな大きな滝があるのかと不思議に思うが、これは漢拏山からの地下水が海の近くで湧水するかららしい。

小島が浮かぶ広々とした大海を背に、迫力のある大滝をじっくり見ようと、中国人の団体客、韓国人のグループ旅行者、そして日本人の旅人たちが岩場にひしめき、歓声を上げている。

中国人、韓国人、日本人が素晴らしい景色をいっしょに眺めて、いっしょに感動する。こんなことはこれまでの歴史で、思いもつかなかったことだ。〈ほんとうにいい時代になったナー〉と思いながら、海辺の正房瀑布をあとにした。

いったん宿にもどってしばらく休み、夕方買い物がてらに街歩きをした。西帰浦のメインストリートを一店、一店ひやかしながらゆっくり歩く。こうした街歩きは、旅の大きな魅力のひとつとなっている。

こんなことをいうと済州島の人にしかられるかもしれないが、じっさいに歩いてみて、その立派さにおどろいた。地元のアーティストが描いた絵皿を売る店など、小ぎれいでおシャレな店がたくさん並んでいるのだ。たしかに、この韓国最南端の港町・西帰浦の商店街のたたずまいは、日本の地方都市と比べてもほとんど遜色がない。

かつて済州島は、火山島で岩や石が多く、土壌がやせて（土を三〇センチ掘ると、岩盤にあたるという）作物がよくとれない、貧しい土地柄だった。島では生活が成り立たず、「陸地《ユクチ》」（済州島では半島部のことをこう呼ぶ）や日本へ出かせぎに行く人も多かった。現在済州島の人口はほぼ五五万人だが、済州島人は総数で一〇〇万人をかるく越すといわれるのは、こうした島外へ出た人々が五〇万人もいるからだ。日本の大阪と東京にはおよそ二〇万人いるという。

◗ ◗ ◗ ◗ ◗ ◗

西帰浦の中央ロータリーに近づいたころ、なにやら拡声器が鳴りひびいていて、不穏な空気がただよっていた。〈何だろう〉と思い、足早に歩いていくと、ロータリーの道沿いに人が大勢集まっていて、政治集会のようだった。

大型トラックの後部を改造して演台をつくり、背面に設置したスクリーンには、候補者を紹介するビデオが放映されている。演台の端には、韓国の国旗（太極旗）がミニポールにかかげられている。どうやらこれは、目下の総選挙の選挙運動らしい。

思わず目を見張ったのは、おそろいの赤い野球帽と赤いジャンパーを身につけた若い女性たち三〇人ぐらいが、候補者をたたえるテーマソングにあわせて、路上で踊っている姿だった。みんな白い手袋をし、候補者の名前が横ぬきに大書された小看板をもっている。

トラックの演台、テーマソング、そしてマスコット・ガール。日本の選挙ではお目にかかれないめずらしい風物に内心おどろきながら、なにくわぬ顔をして周囲の様子を観察した。集会に来ている人の半分以上は、中高年の男性だ。中年の女性もけっこういるが、若い人たちの姿があまり見られない。

日が暮れはじめ、漢拏山から吹きおろしてくる冷たい風がピューピューと鳴り、わたしは思わず身ぶるいした。〈風がずいぶんと強いナー〉と思っていると、応援弁士の演説がようやくスタートした。

弁士は四人。いずれもあたりにとどろく音量のマイクで聴衆に語りかける。「さすが韓国人！」と思わせるほどの雄弁である。弁士のうちふたりが女性で、若い人も中年の人もよどみなく話し、その堂々とした演説ぶりには舌を巻かざるをえなかった。

✚✚✚✚✚✚

済州島は昔から「石、風、女」が多いので、「三多島」と呼ばれてきた。一五世紀の世宗《セジョンデ》大王《ワン》

（一三九七～一四五六年）は傑作した名君として名高いが、その治世のおりに、済州島への租税を減免してはどうか、という意見が出たという。そのときいわれた理由が、「山高くして、風災多し。谷深くて水災多し。土薄くて土災（ひでり）多し」だったというから、「風」も「石」も多かったことがわかる。

ただ、問題は三つ目の「女」である。なぜ済州島には女が多いのか。この問いに対して、一般的には「済州島は土地がやせていることもあり、昔から漁業が盛んだった。船で漁にでるのは男の仕事で、台風などによる荒波で遭難者が続出したことにより、結果として女の数が多くなった」といわれている。

しかし、この説はどうも〝まゆツバ〟ものだ。漁師というのは、昔も今も海をよく知るプロなのだから、そんなに多数の遭難者が毎年まいねん出るとはとうてい思えないからである。

わたしは東南アジアを足繁く旅してきてるが、だいたいにおいて南の土地の女性は働き者で、男に対しても強い。韓国では、女性の大統領が生まれたが、フィリピンでは二人、インドネシアでは一人、女性の大統領がすでに実現している。

済州島出身の女性作家・呉善花《オ ゾンファ》さんも、「済州島では、女が男以上に働く。女に旺盛な生活力があり、女が稼いで男は家でうろうろしている――私の子どもころは、そんな家が済州島ではごく普通だった。女は朝早くから畑や海や店で働き、そのあいまに家へ戻って家事のいっさいをこなし、亭主と子どもの面倒をみる。多くの女性たちが、そんな一人二役、一人三役の苦労をやってのけていた」と述べている（『私はいかにして〈日本信徒〉となったか』より）。

やはり、済州島では昔から女性が家の中にこもっておらず、外へ出て積極的に動き、はたらく伝統が形づくられていたのだろう。現代の選挙運動でも、大勢の聴衆が見つめるなか、演台にスックと立ち、胸を張って弁舌をふるう済州島の女性を目の当たりにして、わたしは〈なるほど〝女多し〟の島だナー〉と納得したのだった。

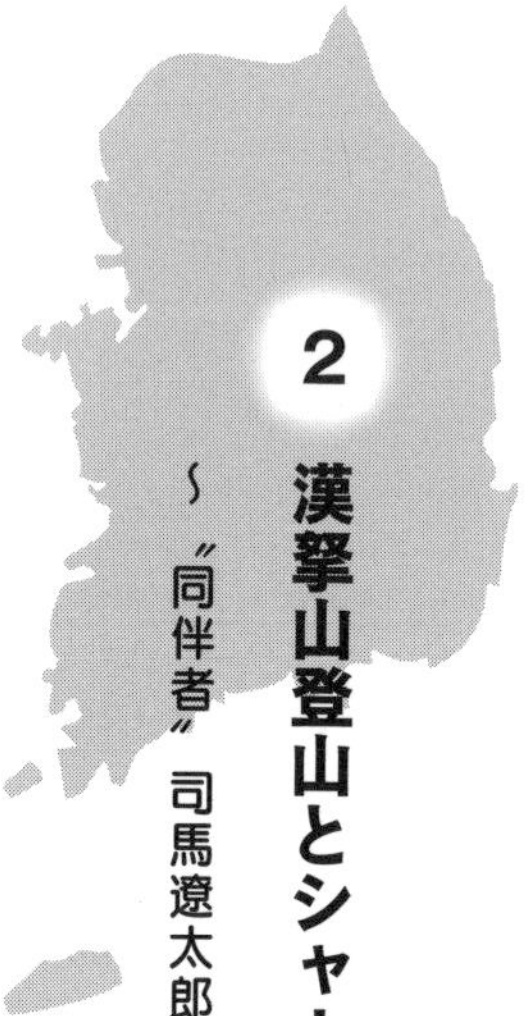

2 漢拏山登山とシャーマンの「堂」へ

〜〝同伴者〟司馬遼太郎と共に〜

今回の済州島旅行には、とってもステキな〝同伴者〟がいて、心躍る旅となった。むろん、心ワクワクの〝同伴者〟といっても、残念ながら若い美形の女性ではない。それは、日本語で書かれた一冊の本である。

これはいつも周囲の人にいっていることなのだが、わたしはふだん〈日本人として生まれてよかった〉と思うことはめったにない。ただ、ひとつだけ例外的に、〈日本人として生まれて本当によかった!〉と心からしみじみ思うときがある。

それはほかでもない、「日本の国民的作家」といわれる司馬遼太郎さんが書いた旅行記をもって海外へ行き、そこでその本を読みながら旅するときだ。異国の旅の空の下で、司馬さんの上質な日本語で書かれた紀行文をゆっくり、じっくり読み進む。これがほんとうに、信じられないほどめちゃくちゃにおもしろく、楽しいのだ。

スペインでの『南蛮のみち』、アイルランドでの『愛蘭土紀行』、オランダでの『オランダ紀行』、そしてアメリカでの『アメリカ素描』。これらの作品によって、わたしの旅がどんなに味わい深いものになったかわからない。

旅する国のカフェやホテルのベッドで、その土地についての蘊蓄《うんちく》や深い洞察をいい日本語で聞ける、、ことのすばらしさ。これはまことに、何にも替えがたい「日本人として生まれた」至福に他ならない。

今度の〝同伴者〟は『耽羅紀行《たんら》』（朝日新聞社）だった。「耽羅」というのは、済州島の昔の名称で、古代において耽羅は独立した国だった。

その『耽羅紀行』のなかで、司馬さんはこう語るのだ。

「韓国・朝鮮人は、ごく一般的にいって、激越なほどに誇りが高い。こういう国を合併（一九一〇～一九四五）するなど、この一点だけでもいかに愚行だったかがわかる。まず堂々たる数千年の独立国からその独立性を奪って、民族の誇りという神経網に手を突っこんでしまったことである。

ついでに、日本の商品経済をもちこんで、ゆるやかに自給自足のくらしをつづけていた農村経済を破壊したことである。多くのひとたちが田地を離れ、自分自身の労働力を商品にすべく日本に流亡せざるをえなかった。このみじめさは、いかなる民族といえどもたえがたい。

さらにはこの民族を軽視し、あるいは警察行政的に警戒したことである。ばかにされた上に虞《ぐ》犯《はん》者あつかいにされてはたまらない。

ついでに、さまざまな〝皇民運動〟も、固有の言語と姓という誇りの根元をうばうことによって、癒しがたい屈辱をあたえた。

じつをいうと、私のなかにはこのようなことをわざわざ書くことに物憂さをおぼえる感情がある。私自身は、韓国・朝鮮が固有の気品ある文化を連続させてきたという点で、世界でも数すくない民族のひとつだと思ってきたし、この民族への尊敬心をうしなったことがない。

だから、自国が近代史のなかで三十六年間やったことを、一市民である私が一身に背負っていちいち韓国・朝鮮人に頭をさげて歩くなどはかなわない。そういうことなら、この国の土を踏んだり、あるいはこの民族のひとびととつきあったりするなどはしない。そのへんが、私は図々しくできているのである」。

〈ナルホド、ナルホド……〉と思いながら、わが宿「リトル・フランス」を出て、海とは反対の方向に歩き出した時、思わず「あっ、漢拏《ハルラ》山《サン》だ！」と叫んでしまった。それまでずっと姿をかくしていた済州島のシンボル・漢拏山が前方に現れたのだ。

しかし、目の前に見える漢拏山は、わたしが心の中で思い描いていたものとは全然ちがっていた。わたしは、「火山島たる済州島の中心にそびえる韓国一高い山」ということで、日本の富士山のような先がとがったスマートな山容を想像していたのだが、じっさいの漢拏山はそうではなかった。

なんといおうか、むかし子供のころ遊んだべーゴマのように、円錐を真上からグシャッとつぶした形をしている。つまり、山すそが左右にどこまでも伸びている、といった感じである。

「これが漢拏山か」とその意外な姿をしげしげと眺めているうちに、ひとつのアイデアが心に浮かんだ。〈山すそがこれだけなだらかなのだから、わりとかんたんに登れるのではないか〉という考えだ。

幸い、天気もわるくない。思い立った日が吉日、とばかりわたしは中央ロータリーの側《そば》にあるバスターミナルから、漢拏山登山口を通る市バスにとびのった。

◗◗◗◗◗◗

バスは西帰浦《ソグィポ》の町を通りぬけて山道に入り、およそ一五分で登山口の城板岳《ソンパンアク》に到着した。広い駐車場に面して、おみやげ屋が入った大食堂が立っている。ここの標高が七五〇メートルなので、漢拏山頂へはあと一二〇〇メートル登ればいいことになる。

「漢拏山国立公園」と大書された石碑を横目で見て、いよいよ山に踏みいった。幅二メートルほどのしっかりとした登山道が整備されており、またゆるやかな勾配なので歩きやすい。周囲を見ると、直径一〇センチぐらいの細い喬木《きょうぼく》が数メートルの間隔で空を突き刺し、林の中は意外なほど明るい。

感心したのは、だいたい三〇メートルごとに赤くて細長い布きれが木の枝についていて、登山者が道に迷わないようになっていることだ。

澄みきった大気。青い空。気分上々でしばらく歩いているうちに、熊のことが気になりはじめた。

韓国最高峰の漢拏山を登る登山者。登山道は意外なほど明るかった。30メートルごとに赤くて細長い布きれが木の枝についていて、道標の役割をしている

あたりは木が生い茂り、まさに熊がノソッと出てくるような雰囲気なのだ。季節も春先で、熊が冬眠から目を覚まし、食べ物を求めて徘徊していてもおかしくはない。〈熊と出くわしたら、死んだふりをするか、それとも出会い頭に熊と遭遇しないように「クマ、来るナ！」と大声でいいながら歩くか……〉。

熊への恐怖がつのりはじめたころ、案配のいいことに大きなリュックをしょった中年男性が上から下山してきた。開口一番、英語で「熊は大丈夫ですか？」と話しかけると、彼はわたしの風体を上から下まで数秒ほど凝視して、口をひらいた。

その答えがふるっていた。「この山に熊はいません。あなたは熊なんぞより、あなた自身のことを心配したほうがいいですヨ」。

登山・完全装備のアジョシ（おじさん）にいわれて、ハッと気がついた。たしかに、わたしはふだんの服装をしていて、靴も平地を歩く革靴をはいている。水はもっているが、食べ物はゼロ。これは、典型的な〝遭難者スタイル〟にほかならない。

しかし、〈せっかく好天の漢拏山に来たのだから……〉という思いと、〈これでも学生時代はワンダーフォーゲル部でならした経験がある〉という〝自信〟から、引きかえすことはあえてせず、

行けるところまで行くことにした。

大きな石でゴツゴツする足元を一歩一歩たしかめながら、ひとりでゆっくり山道を登っていると、うしろから頑丈な登山靴をはいた韓国人が何人もわたしを追い抜いていく。

その数がとても多いので、〈韓国人は山登りが好きなんだナー〉と思ったとき、またひとつの考えがひらめいた。

✚✚✚✚✚✚

わたしはよく、韓国人と中国人と日本人の三者を比べて考えるのだが、こと登山に関しては韓国人と日本人はかなり似ているのではないか。

日本ではプロの登山家が何人も存在し、たとえば竹内洋岳さんが日本人としては初めて八〇〇〇メートル級の名峰を一四座征覇したことが、メディアで大きく取りあげられた。また、「山ガール」という言葉が生まれるほど、若い女性のあいだでも登山がブームになってもいる。

韓国でも、毎日の新聞に登山靴や登山用品の広告がよく掲載されており、わたしが釜山郊外に山城を見に行ったおりも、登山者の多さに目を見張った。韓国人の教え子たちによれば、韓国の会社では社員の親睦を深めるために、職場の仲間で山へ行くことがけっこうあるという。

山好きの韓国人と日本人。これに対して、中国人は山登りにはほとんど関心がないように見える。とにかく、わたしはシンガポールで長く中国系の人たちとつき合ったが、その間彼らとの会話で登山の話題が出たことは一度としてなかった。

中国の長い歴史のなかで、山登りの文化が発達したという話を聞いたこともないし、近・現代の歴史において著名な中国人登山家が出たためしもない。

これは一体どうしてなのだろうか。わたしは長年中国人とつき合ってきているが、どうも中国人というのは〈目的〉への志向性が強い人たちのようなのだ。

お正月のあいさつでも「恭賀発財《ゴンシーファーツァイ》！」（おめでとうございます。今年もお金がもうかりますように）というように、中国人は目標とか目的をハッキリとした数字で表せる商売やビジネスを何よりも好む。大学の中国人の先生方を見ても、学問それ自体を愛好する人は少なく、あくまでもその学問をつかって何かの目的を達成しようとする人が多い。

だから、「山がそこにあるから登るのだ」といったような（中国人からすると）まったく奇妙奇《き》天《て》烈《れつ》で曖昧模《も》糊《こ》とした理由で、重いリュックをしょって、ハーハーいいながら苦労して山を登ることなど、とうてい理解不能に思えてしまうのだろう。

そこへいくと、日本人や韓国人はそこまで目的志向性がつよくなく、事柄それ自体のなかに楽しさやエクスタシー（恍惚感）を感じとれる体質や文化をもっている。そして、この文化的特質というものは、たとえば韓国人と中国人が儒教文化をなかだちとしていろいろ共通点があることなどより、ずっとはるかに本源的なものであり、日本人と韓国人が共に中国人に対してもつ〝しっくりいかない〟感じの大もとになっているように思える。

最後に、蛇足ながら、私の漢挐山登山は「石が多い」山道で皮靴がボロボロになり、足首も悲鳴をあげたことから、断腸の思いでギブアップしたことを付記しておきたい。

◆◆◆◆◆

さて、四、五日西帰浦を歩いて、いささか飽きてきたので、島の北部にある済州市へ行ってみることにした。町の中央ロータリー脇のバスターミナルで市営バスに乗り込むと、車内がけっこうこんでいる。

乗客を何気なしに観察したら、若い学生風の男女が半分以上を占めていた。どうやら、大学がない西帰浦から毎朝島を縦断して通学する学生が相当数いるようだ。こんな田舎でありながら、なんという好学心！　なるほど、韓国の大学進学率がおよそ七割というのもうなずける。

バスは島の景色のいいところを通っていく。ここの畑は、こぶし大の玄武岩を腰の高さほどまで積み上げた塀に囲まれている。これは火山島の貴重な土が飛んでしまわないようにつくった風よけで、石と石との間にあるすきまから風が適度に入るようになっているという。

済州市のバスターミナルまで、およそ一時間三〇分のドライブだった。

ターミナルの前の大通りでタクシーをひろい、市の中央部にある済州道民俗自然史博物館へ向かった。このタクシーの初老の運転手さんもそうだが、済州島のタクシーは感じがよい。おそらく、年間一〇〇〇万人を数える観光客が訪れる済州島にあって、観光業が島の暮らしを支える死活的なないりわいだということが、島民全体の共通認識になっているのだろう。

博物館では、高さ四～五メートルはありそうな石像のトルハルバンがわたしを迎えた。このト

済州道民俗自然史博物館の前。済州島のトレードマークたるトルハルバンと、その前に立つ筆者

ルハルバンは漢字で「石老爺」と書き、済州島のトレードマークになっている。

スキー帽のような分厚い帽子をかぶり、大目玉でワシ鼻、頬がふっくら出て、うすい口びるの顔。そして、ゴーギャンの絵のような長い腕の先に、野球のグローブの如き大きな手がついている。なにか憎めないユーモラスな容姿である。だが、昔は城門の入口などに立てられ、守護神として四六時中娑婆《しゃば》をにらみつづけていたという。

入場料を払って建物の中に入ると、韓国人の高校生が大勢いて、館内はごった返していた。〈修学旅行で来ているんだナ……〉と思いながら前へ進むと、今度はうしろから中国語のざわめきが聞こえてきた。

おどろいてふり返ったら、数十人の中国人観光客の一団だった。中年男性のガイドが先頭に立ち、大きな声で何やら説明している。胸にリボンをつけた中国人の旅客たちは、ガイドの講釈はそっちのけで、それぞれスマホでたくさん写真をとっている。

この中国人グループの行動スタイルは数十年前の日本人団体旅行のものと酷似していて、わたしは笑いをこらえるのにひと苦労した。

◗◗◗◗◗◗

博物館内をゆっくり見学して、わたしが目をクギ付けにされたのは、「済州島の伝統・民俗」コーナーでやっていたＶＴＲ（記録ビデオ映像）だった。

白い外套のような民族服を身につけ、山高帽に似た黒の冠帽をかぶった五十年配の男性が、魚介類や果物やご飯などが供えられた祭壇の前で、くるくる旋回したり、飛びあがったりしながら、一心に踊っているのだ。日本の伝統的な踊りと比べて、腰の重心が高い。

周囲への迷惑を考えてか、テレビから音声が出ないのが残念だが、助手たちが鳴らす鉦《かね》や太鼓の演奏に合わせて踊っているのはわかった。

しばらく見ているうちに、彼が土着のシャーマン（日本でいう「みこ」、祈祷師）であることがわかってきた。韓国のシャーマンはふつう「巫堂《ムーダン》」といわれるが、ここ済州島では「神房《シンバン》」と呼ばれている。

この中年男性のムーダンは、日本の神社の神主がお払いのときに使う幣《ぬさ》（御幣《ごへい》）のようなものをもっており、それを頭上にかかげたり、下へ投げつけたりしている。まわりには白装束のアジュンマ（おばさん）たちがとり囲むようにすわり、手をあわせて拝んでいる。

これは韓国語で「クッ」といい、ムーダンがとりおこなう除災招福のためのお祭り、宗教儀礼だという。韓国の大きな都市や田舎の町をどんなに歩いても、日本の神社にあたる土着の宗教施設が見あたらないことが、長年の疑問であったが、済州島ではこうした「クッ」を行なう「堂《タン》」（神木の前に祭壇をつくり、石垣で囲んだ神域・聖所）が村ごとにいまだに残っているらしい。

わたしは俄然、この堂を自分の目で見たくなった。（このムーダンは今も意外なところで活躍しているようだ。二〇一七年に逮捕された朴槿恵《パククネ》大統領は、若いころからムーダンの男性のアドバイスを受けてきたという。そして、彼女と共に逮捕された崔順実《チェスンシル》氏は、このムーダンの実の娘で、父の死後、朴大統領の友人として大統領の職務を含めたいろいろな相談にのっていたといわれる。）

さて、前にも出た済州島出身の呉善花《オソンホァ》さんが、日本の神社と済州島の堂《タン》について、つぎのように述べている。彼女が東京の新宿に住んでいたときのことだ。

「当時私が住んでいたマンションは、窓を開けるとたくさんの緑が目に入り、夏にはセミの鳴き声が聞こえ、とても気持ちがよかった。しかし、そこは神社の境内だったので、これが悩みの種ともなっていた。

そこで、（キリスト）教会に通う韓国人の仲間たちが私の住居に来れば、窓を開けて神社の境内を見下ろし、みんなでいっせいに「悪魔よ、出ていけ」と叫びながらお祈りをするものだから、管理人さんに「どうか静かにして下さい」と何度も頼まれていた。

神社は薄暗くてとても気味が悪かった。ひとつには、神社が私の故郷・済州島の巫女《みこ》たちがやる「クッ」という一種のシャーマニズムのお祭りをやる祭場を思い出させるからである。そこは、決められた祭りのときにしか入ることができず、ふだんは悪霊が憑《つ》くからと、だれも近寄ることをしなかった。

「クッ」の祭場は街から離れた海岸の岩場であったり、深い山のなかにあったりして、ふだんはだれも近づかない。子どものころ、そんなところに迷い込むと、朽ち果てたしめ縄や薄汚れた白い紙（日本の御幣）がたれ下がっていて、背筋がゾッとしたものである。そんな記憶が日本の神社にオーバーラップしてくる」（『私はいかにして〈日本信徒〉となったか』より）。

✚✚✚✚✚

こうしたなにやら日本の神社と大もとではつながっていそうな堂《タン》に足を踏み入れるために、わたしは一計を案じた。それは、済州大学で民俗学を研究しておられる旧知のH教授を訪れ、案内を請うことである。

お忙しいH先生とようやくアポイントメントがとれた日、わたしは市バスに乗って、済州市にある済州大学をめざした。

漢拏山のすそ野をひた走るそのバスのなかで、ふと済州島出身の女子学生の話を思い出した。その話というのは、済州島に帰省するたびに訪れるというムーダンのことだ。

韓国に近い九州・別府のAPU（立命館アジア太平洋大学）で学ぶ彼女は、年に二回、春と夏の長期休暇に帰国している。そして、そのおりには必ず母親といっしょにムーダンのところへ行き、その先半年間の注意事項をきいてくるという。

ムーダンは四十代後半の男性。彼女の実家のある西帰浦にある三階建てのビル内に事務所をかまえている。ムーダンの本業はもちろん、島内の堂や自宅の広間に信徒を集めて、宗教儀礼（お祭り）をとりおこなうことだが、その合間に占いのようなこともやっているらしい。

彼女はムーダンに面会すると、まず名前を漢字で書き、生年月日をいう。そうすると、ムーダンはおもむろに彼女の顔をじっと見つめてから、いろいろな話をしだす。

まず、健康について。「体調がくずれそうになっているので、気をつけなさい」といわれて、実際にそうなったことがあるという。そして、学業の話。これは彼女が学生なので当然のことだが、直近の面会で「うまくいく」といわれて安堵したという。それから、恋愛の話。「これからいい人をさがす努力をしなさい」とのご託宣。就職については、「なにか言葉を使う仕事がいい」といわれた由。

こうした対話が三〇分ぐらいつづいて、面会は終わりとなる。「お礼金」は五万ウォン（約五〇〇〇円）というから、けっこういい値段である。

彼女は最後に、「ムーダンのいうことはかなり当たっているので、帰省ごとに足を運んでいるんです」といっていた。

◆　◆　◆　◆　◆　◆

さて、国立済州大学は思ったよりずっと大きくてりっぱな大学だった。正門の横にはトルハルバンが立っており、広大なキャンパスの一角でのびのびとボール遊びを楽しむ学生たちの姿が印象的だった。

「師範大学（教育学部）」のH先生の研究室をうかがうと、人なつっこい笑顔で迎えてくださった。「いま講義が終わったばかりなんですヨ」と流暢な日本語で話された。

韓国各地の町や村を歩いて、ほとんどの日本人が不思議に思うことは、日本にはたくさんある神社や中国の廟（道教寺院）のような土着の宗教施設がどこにも見あたらないことだ。

その原因はハッキリしている。李朝五〇〇年の儒教支配の下で、韓国土着の「堂」信仰が〝淫《いん》祠《し》邪教〟として迫害されたからだ。ここ済州島でも一八世紀の初めに当時の牧使（地方長官。中央から派遣された）が堂と仏教寺院約一三〇ヵ所を破壊し、ムーダン四〇〇人余りを罰したという記録が残っている。

また、朴正熙《パクチョンヒ》大統領が一九七〇年代に鳴り物入りで推し進めた「新しい村（セ・マウル）運動」（農漁村の近代化や農業生産力の拡大と所得の向上を目指し、成果をあげた）のなかで、「村の堂信仰は迷信だ」としてつぶされた堂も少なくなかった。

ただ、やはり「古い文化はマージナルな辺境に残る」といわれる通り、韓国最南端の済州島には海のへりや山の裾を中心に、今もおよそ三〇〇前後の堂が生き残っているらしい。

◗ ◗ ◗ ◗ ◗

その〝韓国の神社〟たる堂とは一体どんなものなのか——期待と不安を胸に、わたしはH先生の車に乗せていただき、島の東に位置する松堂里《ソンダンリ》（「里」は村の意味）をめざした。

H先生によれば、松堂里はシカやキジの狩猟で生計を立てていて、かつてはとても貧しい村だったという。

済州大学から三〇分ぐらいのドライブでようやく松堂里に到着したが、人家が少なく村人の姿も見えない。車を大通りから少し農道に入ったところに停め、H先生の案内で堂への道を歩き出した。すでに日がだいぶ傾き、夕暮れの風がふいて肌寒かった。

左側にこんもりとりした森を見ながら、農道を一〇〇メートルほど歩くと、新しい二本の鉄柱に支えられた案内板があった。ハングルと英語で書かれてあり、英語のタイトルは〝Sondang Bonhyangdang Shrine〟だった。漢字に直すと「松堂《ソンダン》 本郷堂《ボンヒャンタン》」となり、松堂村の中心の堂、日本でいうところの「鎮守の杜」ということになる。

さらに進むと、高さ一メートル強の古い石垣で囲まれた堂がついに現れた。広さはおよそ一五メートル四方。正面には、石のブロックを三段に積み重ねた祭壇が幅二〇メートルぐらいつづいている。年に一度か二度の祭りのときは、ここに食べ物などの供え物をずらりと並べるという。

祭壇の中央に高さ一メートル半、幅二メートルほどのコンクリート製の小さな祠《ほこら》がある。石の扉には錠がついていて、残念ながら内部をのぞくことはできなかった。

祭壇の背後には、榎《えのき》の神木がある。この木は憑代《よりしろ》で、天にいる神がこの木をつたって降りてくるという。日本の神道にも、神が立木をつたって降りてくるという考え方がある。

森の中のこの堂には、わたしとH先生のほかには誰ひとりとしておらず、シーンとして神聖な空気がたちこめている。堂の中心に立って、周囲を眺めているうちに、何年か前に訪れた沖縄の

「御嶽《うたき》」のことをありありと思い出した。御嶽も森の中にある神域で、聖なる場所として神社の原型のような雰囲気があった。

H先生によると、この松堂里の堂は神格が高く、済州島の堂の〝総本山〟のような地位を占めているという。そのためか、ここには堂に隣接してかわらぶきで壁のない韓国風の小さい建物があったが、ふつうは堂舎はなく、神木を中心とする小さな森が堂の一般的な姿のようだ。

じっさい、日本の神社も本殿や拝殿などの建物ができたのは平安時代以降で（仏教の影響）、それまでは堂や御嶽と同様、うっそうとした森のなかの神域には社殿はなかったといわれる。

松堂里の堂。年に一度のお祭りには、食べ物などの供え物をたくさん並べるという

✚✚✚✚✚✚

さて、済州島を離れる日、それまでずっと気になっていたある場所に足を向けた。それは他でもない、わたしが泊まったホテルの部屋の窓からいつも正面に見えていたキリスト教の教会である。

この教会はなかなかりっぱな建物で、クリーム色の聖堂は西帰浦の町でもひときわ目立つデザインで作られていた。

その聖堂内に入ろうと、扉の取っ手に手をかけたが、あいにく平日の金曜日とあってか、カギがかかっていた。〈残念！もっとはやく来ればよかった……〉と思いながら、ひき返そうとしたとき、教会付設の木造家屋から何やら子供たちの声が聞こえてきた。

〈何だろう?〉と近よると、入口のげた箱に色とりどりのかわいい靴がたくさん並んでいる。一足、二足、三足……と数えてみたら、全部で一九足あった。教会が経営する幼稚園なのだ。

窓の位置が高くて、内部をのぞくことはできなかったが、若い女性の先生の唱導で、子供たちがお昼ご飯を食べる前のお祈りの文句をとなえているのはわかった。

その子供たちのいかにも元気で楽しげな声を耳にしながら、わたしは〈済州島の神々にはまことに残念至極ではあるけれど、もうすでに勝負はついているナ……〉と心の中でつぶやいて、教会の門をあとにしたのであった。

参考文献

第1章

渡辺吉鎔『はじめての朝鮮語—隣国を知るために』（講談社現代新書）講談社、一九八三
関川夏央『ソウルの練習問題—異文化への透視ノート』情報センター、一九八四
李御寧『「縮み」志向の日本人』学生社、一九八二
平井久志『コリア打令《タリョン》—あまりにダイナミックな韓国人の現住所』ビジネス社、二〇〇五
川島涼子『韓国美人事情』洋泉社、二〇〇一
呉善花『日韓、愛の幻想』文藝春秋、二〇〇六
司馬遼太郎『民族と国家を超えるもの—司馬遼太郎対話選集10』（文春文庫）文藝春秋、二〇〇六
姜在彦『ソウル—世界の都市の物語』文藝春秋、一九九二
尹春江『快韓コミュニケーション』生活文化出版、二〇〇七
金谷治訳注『論語』（岩波文庫）岩波書店、一九七八

第2章

司馬遼太郎『人間の集団について』サンケイ新聞社、一九七三

篠原令『妻をめとらば韓国人!?』（文春文庫）文藝春秋、二〇〇四
尹学準『オンドル夜話』（中公新書）中央公論新社、一九八三
司馬遼太郎『アジアの中の日本』（対話集9）（文春文庫）文藝春秋、二〇〇九
朴泰赫『醜い韓国人』光文社、一九九三
加地伸行『儒教とは何か』（中公新書）中央公論新社、一九九〇
友枝龍太郎『李退渓―その生涯と思想』退渓学研究院、一九八五
エドワード・T・ホール／國弘正雄、長井善見、斉藤美津子訳『沈黙のことば』南雲堂、一九九六
陳舜臣『儒教三千年』朝日新聞社、一九九二
角田房子『ミン妃暗殺―朝鮮王朝末期の国母』新潮社、一九八八
クロード・シャルル・ダレ『朝鮮事情』（東洋文庫）平凡社、一九七九
宮崎市定訳『論語の新しい読み方』（岩波現代文庫）岩波書店、二〇〇〇
谷沢栄一・渡部昇一著『人生は論語に窮まる』PHP研究所、一九九七
姜在彦『ソウル―世界の都市の物語』文藝春秋、一九九二

第3章

武光誠『韓国と日本の世界地図』青春出版社、二〇〇二
徐萬基『韓国の歴史探訪』洋々社、一九八一
金両基編著『韓国の歴史を知るための66章』明石書店、二〇〇七

梶村秀樹『朝鮮史　新書東洋史10』（講談社現代新書）講談社、一九七七
町田貢『ソウルの日本大使館から』一九九九、文藝春秋
金達寿『朝鮮』（岩波新書）岩波書店、一九七〇
李杜鉉『朝鮮芸能史』東京大学出版会、一九九〇
呉知泳『東学史』（東洋文庫）平凡社、一九七〇
黒田勝弘『ソウル発・これが韓国だ』徳間書店、一九九四

第4章

金達寿『朝鮮』（岩波新書）岩波書店、一九七〇
梶村秀樹『朝鮮史（新書東洋史⑩）』（講談社現代新書）講談社、一九七七
西尾昭『韓国ウォッチング』アートプロダクション・ノア出版部、一九八六
柳東植『韓国のキリスト教』東京大学出版会、一九八七
角田房子『閔妃暗殺—朝鮮王朝末期の国母』新潮社、一九八八
金両基編著『韓国の歴史を知るための66章』明石書店、二〇〇七
浅井雅一・安延苑『韓国とキリスト教』（中公新書）中央公論新社、二〇一二
小竹裕一『アジア人との正しい付き合い方』NHK出版、二〇〇八
水野俊平『韓国の若者を知りたい』（岩波ジュニア新書）岩波書店、二〇〇三
「AERA」朝日新聞出版、一九九五年一一月一三日号

第5章
梅棹忠夫『民族学者の発想』平凡社、一九九三
司馬遼太郎『耽羅紀行』（朝日文庫）朝日新聞社、二〇〇九
呉善花『私はいかにして〈日本信徒〉となったか』ＰＨＰ研究所、一九九九
岡谷公二『原始の神社をもとめて』（平凡社新書）平凡社、二〇〇九

あとがき

本書は、わたしがここ十年ほど取り組み、考えつづけてきた韓国および韓国人についての報告である。

この間《かん》、ソウルの高麗《コリョ》大学でほぼ一ヵ月の「韓国語集中コース」に参加したのをはじめとして、十日ないし二週間かけて韓国各地を歩き回る旅を、一〇回以上こなしてきた。

こうしたわたしの韓国とのかかわり方を知って、「韓国に住んだこともないあなたが、どうして韓国人についてアーダ、コーダいえるんですか」という人がいる。

このような見方、考え方については、わたしも重々承知している。わたし自身、シンガポールに十年以上住んで、シンガポールについての本を四冊書いた経験があるからだ。

しかし、その経験のなかで、長く住むとそこの風景や日常がごくあたり前になり、かえって対象国が見えなくなってしまうことも学んだ。旅人として、まったくの異邦人として、新しい眼とフレッシュな感覚とつよい好奇心をもってその土地に切りこんではじめて、斬新な視点や鋭い問題意識を持ちうる、ということもある。「子どもは、大人には見えないものが見える」と言いかえてもよい。

ソウルや釜山に住む日本人が一様におどろき、また不思議に思うことのひとつが、韓国人の葬儀のしかただという。現代日本人と同じように、現在はほんどの韓国人が病院で息を引きとるわけだが、そのお葬式がなんと故人が亡くなった病院に併設された葬儀場で行なわれるのだ。

日本人の感覚からすれば、自分が入院して治療を受ける病院のすぐ脇に葬儀場があるというのは、なにかすぐ死をイメージしてしまい、「なんでこんなに縁起のわるいことをするのか⁉」と怒り出す人も少なくないだろう。

むろん、韓国人も好きこのんでこうした葬式スタイルをやっているのではない。つい数十年前までは、重い病の床についた人は、自分の家の奥の間で、子どもや孫たちに囲まれて死をむかえることが一般的だった。

ところが、経済の発展にともなう近代的な医療の普及によって、病院で亡くなる人が大半を占めるようになった。そして、「第1章『魅惑の都』ソウルへの旅」のなかでみたように、急速な近代工業化のプロセスで地方から人びとがソウルや釜山に集中し、深刻な住宅不足の結果として、韓国は「団地国家」に変貌したのだ。

今やソウルや釜山のほとんどの人が高層アパートやマンションに住む「団地人間」となり、亡くなった肉親の棺を自分の家に運びこむことも、多くの弔問客を接待することも、物理的に不可能になった。そこで、葬儀を行なう場所として、一番手っ取りばやく便利なところたる病院がおもいつかれたのだろう。

韓国社会も核家族化がすすみ、伝統的なややこしい葬儀の手順がわからない人が増えた。また、韓国のお通夜では弔問客にユッケジャン（牛肉スープ）をふるまうことが多いが、こうした食事のサービスを含めて、葬儀のプロがすべて手ぎわよくやってくれることも、病院の付属施設での葬儀が普及した理由であろう。

そして、ここが肝心カナメのところだが、こうした病院近辺で葬式をするなどという、伝統的な儒教倫理からすれば「とんでもないやり方」が、比較的短期間に広がり根づいたところに、韓国人の「したたかな現実主義者」としての顔がのぞいているわけである。

*　*

さて、十年もの長い付き合いのなかで、韓国のいわば「とりこ」になってしまったわたしは、最低二年に一度は韓国の空気を吸わないと生きていけなくなった。「病膏肓《やまいこうこう》に入《い》る」とはこういうことをいうのだろう。

昨年の三月末には、韓国南部の全羅南道を旅した。釜山の地下鉄二号線沙上《ササン》駅のバスターミナルから、光州《クワァンジュ》行きのバスに乗る。

山また山の道中だが、高速道路がしっかり整備されていて、およそ三時間の快適なドライブを楽しむことができた。

道都の光州は、充実した博物館や美術館もあるなかなかいい町だった。いつもの街歩きの途中、フラッと立ち寄った公団住宅（五階建ての集合住宅が二十棟ぐらい建ち並んでいる）で、目を見張った。

なんと、各号棟のあいだの通路に桜がズラーッと植えられてあり、それが今まさに満開そのものだったからだ。

郊外にある名所華厳寺《ファオムサ》をたずねたときも、川沿いを走る市バスの車窓から、何キロもつづくソメイヨシノの並木を眺めて、いたく感動した。

さすがに満開の桜の木の下で飲めや歌えの宴をもつ「お花見」の文化は見られなかったものの、全羅南道の人びとの桜好きがハンパなものではないことがわかった。

お寺見物のあと、午後四時ごろ村の小さな食堂に入った。「日本人です」と片言の韓国語でいうと、店主のアジュンマ〈おばさん〉が笑顔をひらいて歓待してくれた。店の自慢の「鹿肉ナベ定食」もおいしかった。

食堂を出て、暮れなずむ農村風景をひとりしみじみと眺めいりながら、わたしは〈ああ、やっぱり韓国にきてよかった!〉と心のなかで叫んだ。

* *

こうした魅力あふれる国がほんのすぐお隣にあることを、わたしたち日本人は僥倖《ぎょうこう》としなければならない。

日々の新聞やテレビのニュースを見ると、「慰安婦」問題など政治的な話題が圧倒的に多く、「韓国」というとすぐ政治的な対立関係が頭に浮かびがちである。

しかし、いま日本人と韓国人の関係はそれほど悪いのだろうか。もし、韓国人の大部分が「反日」にこり固まっているとしたら、毎月五〇万人以上もの韓国人が日本へ観光にくるわけはない。

一方、日本のBSテレビでは韓流ドラマを毎日のようにたくさん放映しているし、韓国の人気グループによる日本各地でのコンサートには、日本人ファンが大挙しておしよせている。

とりわけ、サムソンやヒュンダイといった韓国の企業が世界中で活躍し、韓国民の生活レベルがほぼ日本並みとなった今世紀に入ってから、日本人と韓国人は文化や教育や社会などの様々な分野で活発な交流をくり広げるようになっている。

こうした日韓の重層的な人々の交流の流れは、もはや逆戻りすることはありえない。韓国人と日本人がそれぞれの国をじっさいに訪れることによって、友達や知人をつくり、相互理解を深めていけば、二十年後、三十年後の日韓関係はすばらしいものになる、と確信している。

最後に、末尾ながら、韓国の各地を訪れ、旅しつづけたわたしに対し、いつもあつい人情でいろいろ親切にしてくださった韓国の庶民のみなさんに、心よりの感謝を申し上げます。また、すばらしい写真をつかわせていただいた近藤真理さん、矢賀愛さん、花田彩さん、そして本書の編集に非常なお骨折りをしてくださった法藏館の大山靖子さん、京都月出版の花月亜子さん、ほんとうにありがとうございました。

小竹　裕一

眼下に別府湾と国東《くにさき》半島をみはるかす
大パノラマのＡＰＵキャンパスにて

二〇一八年三月

著者略歴

小竹　裕一（こたけ・ゆういち）

東京生まれ、早稲田大学法学部卒業。横浜市役所に勤務後、シンガポールの南洋大学に留学。邦字紙「星日報」に入社し、記者、編集長を歴任。その後、日本語教師をしながら、シンガポールから発言をつづける。趣味は外国旅行。これまで100回以上海外に足を運び、〝海外旅行の鬼〟と呼ばれる。現在、立命館アジア太平洋大学（APU）客員准教授。専門は日本語教育と異文化間コミュニケーション論。著書に『シンガポールから学んだこと』（明石書店）、『地球歩きはおもしろい』（勁草書房）、『アジア人との正しい付き合い方』（NHK新書）などがある。

写真提供

韓国観光公社	p. 9、16、17、32
近藤真理	目次頁の中央・右上・左上・左下、p. 14、20右
花田彩	p. 20左、21左
矢賀愛	目次頁の右下、p. 12、21右、28

（上記以外の写真は著者による）

韓国ふしぎ旅

二〇一八年四月二〇日　初版第一刷発行

著　者　小竹裕一
発行者　西村明高
発行所　株式会社　法藏館
京都市下京区正面通烏丸東入
郵便番号　六〇〇-八一五三
電話　〇七五-三四三-〇〇三〇（編集）
〇七五-三四三-五六五六（営業）

装幀　佐藤篤司
印刷　立生株式会社／製本　清水製本所

ISBN978-4-8318-5648-7 C0039